Die schönsten Wege

Leichte Wanderungen im Allgäu

50 Touren zwischen Bodensee und Füssen

J. BERG

Inhalt

Zwischen Kempten und Füssen

Jungholz und Tannheimer Tal

Oberallgäu

Kleinwalsertal

Tourenüberblick

Tour			Länge in km	Höhenunterschied in m	Gehzeit in Std.	Einkehr	kindergeeignet	wintergeeignet	viel Sonne	eher schattig	Bergbahn	öffentliche Verkehrsmittel	Bademöglichkeit
1	● Mittel	Riedholzer Eistobel	5,7	200	2–2.30		●			●		●	(●)
2	● Mittel	Alttrauchburg	9,6	470	3.30	●	(●)		●	●		●	
3	● Mittel	Falltobelweg	4,7	200	1.30–2		●			●		●	
4	● Leicht	Werdensteiner Moos	6,2	70	2		●	●	●			●	
5	● Mittel	Großer Alpsee	11,4	350	3.30–4	●	●	(●)	●			●	●
6	● Leicht	Ruinen bei Immenstadt	10	300	3.30	●	●		●			●	●
7	● Mittel	Rundweg Weißach – Ifen	5,3	220	2	●	●	(●)	●			●	
8	● Mittel	Schwandalpe	6,3	300	2.30	●	●		●		●	●	
9	● Mittel	Buchenegger Wasserfälle	6,4	200	2.30	●	●		●			●	●
10	● Mittel	Alpenfreiheit	13,8	650	5	●			●		●	●	
11	● Leicht	Wasserwanderweg Hittisau	7	200	2.30	●	●		●	●		●	
12	● Mittel	Leckner See	13,7	500	5	●	●		●				
13	● Mittel	Haldertobel und Bärenköpfle	9,2	650	4	●	(●)		●		(●)	●	
14	● Leicht	Hörner-Panoramatour	6,4	300/530	2.30	●	●		●		●	●	
15	● Schwer	Scheuenwasserfall	6,6	350	2.30	●	(●)		●	●		●	
16	● Mittel	Riedberger Horn	7,8	490	3–4	●	●		●			●	
17	● Schwer	Besler-Runde	8,2	675	4–4.30	(●)	(●)		●			●	
18	● Leicht	3-Gemeinden-Tour	7,5	180	2–2.30	●	●	●	●			●	
19	● Leicht	Heinrichweg I	10	300	3–3.30		●	(●)	●	●		●	
20	● Mittel	Heinrichweg II	12,7	430	4–4.30		●		●	●		●	
21	● Mittel	Wertachtal	8,1	220	3	●	●	(●)	●			●	●

● Leicht

● Mittel

● Schwer

Länge in km

Höhenunterschied in m

Gehzeit in Std.

Einkehr

kindergeeignet

wintergeeignet

viel Sonne

eher schattig

Bergbahn

öffentliche Verkehrsmittel

Bademöglichkeit

Tour			km										
22	●	Edelsberg	7,8	500	3	•	•		•		•	•	
23	●	5-Seen-Runde bei Seeg	11,6	150	3	•	•	•	•			•	•
24	●	Burgen bei Eisenberg	4,6	200	1.30	•	•	•	•			•	
25	●	Eschacher Panoramaweg	11,2	230	3.30	•	•		•			•	•
26	●	Burgruine Falkenstein	3,5	260	1.30–2	•	•			•			
27	●	Alatsee	4,4	150	1.30	•	•	(•)		•			•
28	●	Lechfall	3,3	150	1.30	•	•	•		•		•	
29	●	Schwanensee und Alpsee	10,5	200	3	•	•	•	•	•		•	•
30	●	Jungholz	7	440	2.30–3	•	•		•	•		•	
31	●	Große Schlicke	5,5	500	3		•		•		•	•	
32	●	Haldensee und Adlerhorst	8,6	400	2.45–3.15	•	•		•			•	•
33	●	Visalpsee	7,7	170	2.30–3	•	•		•			•	•
34	●	Starzlachklamm	3,6	220	1.30	•	•			•			
35	●	Imberger Horn	5,7	80/600	2		•		•		•	•	
36	●	Bärgündeletal	8,5	400	3	•	•		•			•	
37	●	Nebelhorn – Laufbichelsee	7,8	500	5–6		(•)		•		•	•	(•)
38	●	Faltenbachtobel	9,2	600	3.30–4.30	•	•		•	•	(•)	•	
39	●	Von Oberstdorf ins Oytal	10,3	250	3–4	•	•	•	•			•	
40	●	Christlessee	10,1	150	3–3.30	•	•	•	•			•	
41	●	Breitachklamm	10,3	300	4	•	•	•		•		•	
42	●	Rohrmoos und Osterbergalpe	14,5	400	4.30–5.30	•	•		•				
43	●	Schlappold und Fellhorn	5,8	430	3–4	•	(•)		•		•	•	
44	●	Vom Söllereck nach Riezlern	5,6	100/360	2	•	•		•		•	•	
45	●	Kessellöcher	5,3	180	1.45–2.15	•	•		•	•		•	
46	◐	Schwarzwassertal	10,4	400	4–5	•	•	(•)	•			•	
47	●	Walmerdingerhorn	5,5	75/790	2	•	•		•		•	•	
48	●	Wildental	6,2	260	2.30	•	•	(•)	•			•	
49	●	Bärgunttal	4,8	200	2–2.30	•	•	(•)	•	•		•	
50	●	Widdersteinhütte	10,7	570	5–6	•	(•)		•			•	

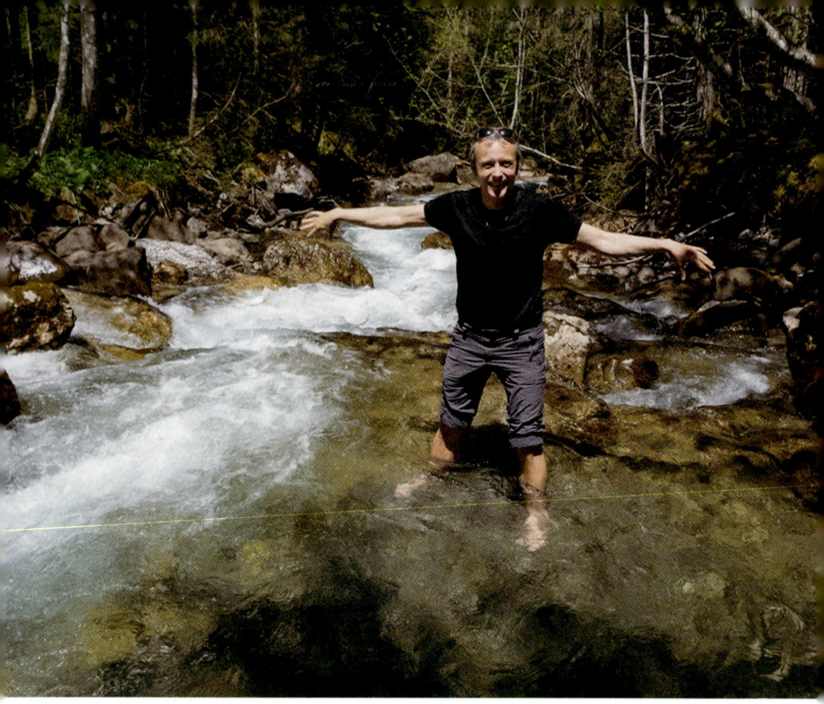

Eiskalte Erfrischung im Schmelzwasser der Breitach

Mehr Freude am Wandern

Mehr Freude am Wandern

Das Allgäu bildet zusammen mit dem Kleinwalsertal und dem Tannheimer Tal eine der beliebtesten Wanderregionen im deutschsprachigen Raum. Laden im Voralpenraum zahlreiche Seen und Burgen zu Spaziergängen und Entdeckungen ein, sind es weiter südlich die hoch aufragenden Berge, die uns faszinieren. Einige, die wir in diesem Buch vorstellen, sind mit Bergbahnen erschlossen, was es uns ermöglicht, auch bei einer leichten Tour bis in alpine Regionen vorzudringen.

Nicht zuletzt liegen zwischen den einzelnen Bergkämmen beschauliche Täler – besonders schön finden wir das Oytal und das Stillachtal bei Oberstdorf, das

Vilstal im Tannheimer Tal sowie das obere Schwarzwassertal im Kleinwalsertal. Allen diesen Tälern ist gemein, dass sie weitestgehend frei vom motorisierten Verkehr sind. Damit umgibt uns hier eine Ruhe, bei der wir entspannt aufatmen und neue Kräfte sammeln können.

Anfahrt

Viele Wanderziele sind im Allgäu mit öffentlichen Verkehrsmitteln zu erreichen – so haben wir bei den einzelnen Touren die jeweilige Haltestelle angegeben. In Kombination mit Gästekarten werden die Tickets zum Teil erstattet. Wer mit dem Auto anreist und ein Navi nutzt, kann die im Touren-Infokasten angegebenen GPS-Koordinaten eingeben – diese führen punktgenau zum Ausgangspunkt der Wanderung bzw. zur Talstation oder zur nächstgelegenen Parkmöglichkeit.

Gut gerüstet ans Ziel

Aller Warnungen zum Trotz werden auch im Allgäu insbesondere die weniger hohen Berge oft unterschätzt. Doch auch hier gilt: Feste Wander- oder Trekkingschuhe sind ein Muss für sicheres Wandern. Halbschuhe, Turnschuhe oder ähnliche Treter bieten zu wenig Halt, wirken sich negativ auf die Fußgesundheit aus und sind oft der Auslöser von vermeidbaren Unfällen. Wanderstöcke hingegen begünstigen eine aufrechte Körperhaltung und schonen die Gelenke. Ebenfalls von Vorteil ist bequeme Wanderkleidung aus Funktionsmaterial, das schnell trocknet und sich leicht trägt. Auf Abstand sollte man hingegen beim Rucksack gehen, und zwar auf Abstand zum Rücken. Dies ermöglichen spezielle Bauweisen, die das Gewicht optimal verteilen und eine bessere Luftzirkulation erlauben, wodurch Wanderhemden auch an warmen Sommertagen länger trocken bleiben und man so ein deutlich besseres Gefühl auf der Haut hat.

Verantwortung und Selbsteinschätzung

Alle in diesem Wanderführer beschriebenen Touren orientieren sich am Wegenetz des Deutschen Alpenvereins. Während wir als Wanderer von den Wegweisern und der Pflege der offiziellen Wanderwege profitieren, findet das Wild abseits der Wanderstrecken Rückzugsräume, in die sich nur selten Menschen verirren. Als verantwortungsbewusster Wanderer rennen wir also nicht blindlings durch die Landschaft (oder darüber hinweg), sondern nehmen auch auf andere, Schwächere Rücksicht.

Da die Landschaft insbesondere in den Allgäuer Hochalpen immer noch sehr aktiv ist (Hangrutsche, Steinschlaggefahr), kann die vorgefundene Beschilderung von der Beschreibung im Buch auch mal abweichen. In dem Fall ist es meist besser, der neuen Wegmarkierung zu folgen, da sie einen sicher ans Ziel bringt. Insbesondere wer sich allein in höhere Lagen begibt, sollte sich dessen auch bewusst sein und im Zweifelsfall lieber umkehren. Das liegt zwar nicht in der Natur des Menschen, aber da wir nicht alle der 50 Touren gemeinsam absolviert haben, können wir Ihnen versichern: Das machen auch Wanderbuchautoren so.

Ein Ziel der »Leichten Wanderungen im Allgäu« ist es, dass man am Ende der einzelnen Touren zufrieden auf die vergangenen Stunden und Eindrücke zurückblicken kann. Das gelingt am besten, wenn

Schwierigkeitsgrade

- Leicht: Eher kurze Runden, die keine oder kaum Trittsicherheit erfordern und nur wenige Steigungen beinhalten
- Mittel: Touren mit längeren Auf- und Abstiegen und/oder längere Runden, die eine gewisse Kondition erfordern
- Schwer: Alpine Einstiegsrunden, die sich auch für wenig erfahrene Wanderer eignen. Diese Touren setzen festes Schuhwerk mit griffiger Sohle und ein gutes Maß an Trittsicherheit voraus. An kurzen Passagen ist auch Schwindelfreiheit von Vorteil.

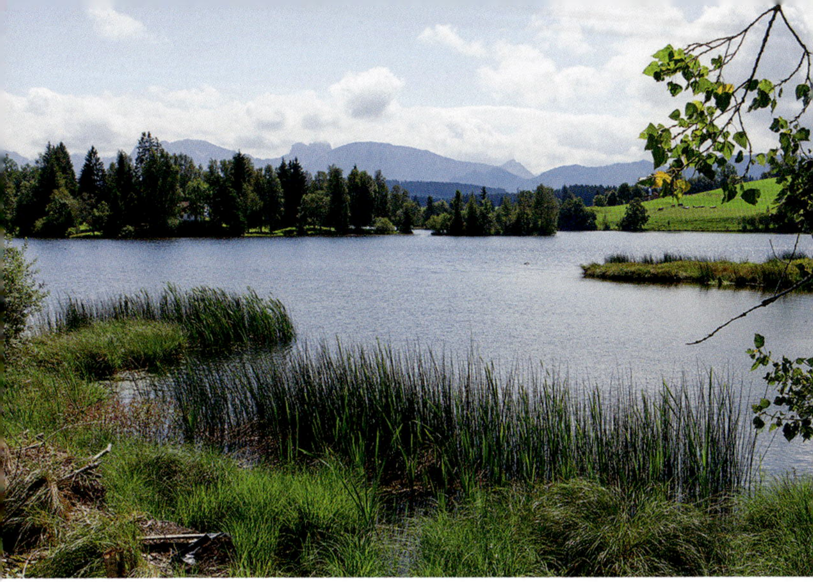

Blick über den Schwaltenweiher zur Tannheimer und Allgäuer Alpenkette

wir uns – sowie auch unsere Mitwanderer – richtig einschätzen: So sollten wir die etwas längeren Wanderungen erst in Angriff nehmen, wenn schon eine gewisse Grundkondition und ausreichende Erfahrung im Gelände vorhanden sind. Dazu zählt auch, die Wetterverhältnisse richtig einschätzen zu können. Denn gerade in höheren Lagen gibt es gern mal Wetterumschwünge mit Nebel oder Gewitterwolken, die oft mit Platzregen und Hagel einhergehen. Ein zumindest leichter Regenschutz sollte deshalb immer mitgenommen werden. Ebenfalls hilfreich ist es, die Entwicklung von Wolken im Internet, etwa auf www.niederschlagsradar.de oder auf www.wetteronline.de, zu beobachten. Im Zweifelsfall sollten wir uns auch nicht davor scheuen, eine Tour abzubrechen bzw. erst nach dem Unwetter wieder fortzusetzen.

Alpines Notsignal

Wer an einem hochsommerlichen Wanderwochenende in den Alpen unterwegs ist, weiß: Es ist nur eine Frage der Zeit, bis der erste Rettungshubschrauber aufsteigt. In der Regel trifft es andere. Die Erfahrung zeigt jedoch, dass es selbst in leichtem Terrain durch ein einfaches Umknicken schnell zu einer Situation kommen kann, in der man allein kaum mehr vor-

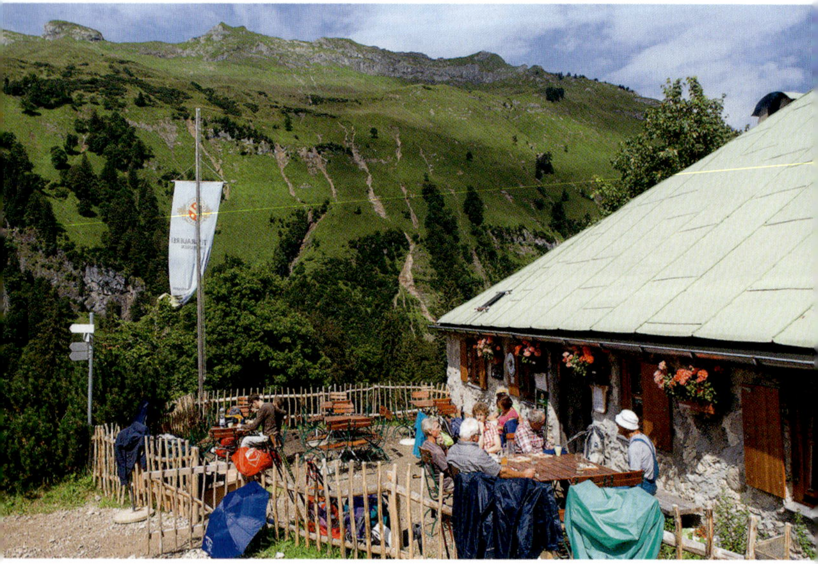

Entspannte Pause auf der Bärgündelealpe

ankommt. Für diese Ausnahme und bei schlechtem Mobilfunkempfang merken wir uns das alpine Notsignal:

Innerhalb einer Minute wird sechsmal (alle 10 Sek.) ein hörbares, etwa durch Rufen oder eine Signalpfeife, oder sichtbares Signal – z. B. durch Winken oder Schwenken von auffälligen Kleidungsstükken oder eines farbigen Rucksacks – abgegeben. Nach einer Minute wiederholt man den Notruf. Die Antwort erfolgt ebenfalls durch hörbare oder sichtbare Signale, die dreimal in der Minute abgegeben werden. Das Signal sollte auch bei einer Antwort

weiterhin wiederholt werden, damit die Retter sicher zu unserem Standort finden.
Daneben lohnt sich ein Blick in den Rucksack: In verschiedenen Modellen sind die wichtigsten Zeichen symbolisch dargestellt.

Pause mit Genuss

Zu einer schönen Wanderung gehört natürlich auch eine Einkehr oder längere Rast. Unsere Wanderungen führen deshalb zu zahlreichen, traumhaft gelegenen Plätzen, von denen man Jahre später noch schwärmt. Zudem kommt man auf den meisten Touren an einer oder an mehreren Wirtschaften und Hütten vorbei, sodass man sich mit Gleichgesinnten austauschen und beiläufig die »Leichten Wanderungen im Allgäu« weiterempfehlen kann. Bevor Sie darauf verzichten, eigenen Proviant mitzunehmen, vergewissern Sie sich aber, dass die gewählte Wirtschaft oder Hütte geöffnet hat – oft ist dies schon bei den Wegweisern im Tal angeschrieben.

Internetadressen

- Informationsportal des Naturparks Nagelfluhkette: www.naturpark-nagelfluhkette.de
- Gemeinsamer Auftritt der Sektionen des Deutschen Alpenvereins (DAV): www.alpenverein.de
- Infoportal der Allgäu GmbH: www.allgaeu.de
- Das offizielle Urlaubs- und Erlebnisportal des Oberallgäus: www.oberallgaeu.de
- Seite der OberAllgäu Tourismus Service GmbH, mit u. a. Infos zur Allgäu-Walser-Card: www.allgaeu-walser-card.com
- Gemeinsamer Auftritt der Ferienorte im Kleinwalsertal, mit Infos zum Walserbus: www.kleinwalsertal.com
- Fahrpläne zu den einzelnen Haltestellen im Allgäu, im Tannheimer und im Kleinwalsertal: www.bayern-fahrplan.de/de/auskunft
- Unser Blog mit Wander- und Reiseberichten aus aller Welt: www.freudenthal.biz

Wandern im Winter

Die Hochlagen im Allgäu zählen zu den wenigen schneesicheren Gebieten in Deutschland. Auf zwei schmalen Brettern ins Tal zu wedeln, ist jedoch nicht jedermanns Sache. Wer sich in der kalten Jahreszeit dennoch fit halten will, findet in diesem Buch auch Touren, die das ganze Jahr über möglich sind – allen voran die Wanderung durch das im Winter besonders reizvolle Trettachtal zum Christlessee, einem See, der selbst bei längeren Frostperioden nicht zufriert. Auch die Tour durchs Werdensteiner Moos, die 3-Gemeinden-Tour unterhalb der Hörnergruppe und die Wanderung durch die Breitachklamm nahe Oberstdorf sind Ziele, die Wanderer im Winter faszinieren werden. Daneben finden Wanderer inzwischen bei vielen der von uns beschriebenen Orte in der kalten Jahreszeit präparierte Winterwanderwege vor.

Gehzeiten und Höhenangaben

Bei den genannten Zeiten handelt es sich um die durchschnittliche, reine Gehzeit. Weil es bei vielen Touren eine Menge zu entdecken gibt, beinhaltet diese aber auch die Zeiten, in denen wir uns umsehen und die Landschaft auf uns wirken lassen. Pausen oder gar eine längere Einkehr sind in der angegebenen Gehzeit jedoch nicht enthalten. Rechnen Sie bitte auch etwas Zeit für unvorhergesehene Änderungen ein, sodass Sie bei zusätzlichen Abstechern, bei kürzerem Verlaufen oder bei einem gesperrten Weg (z. B. wegen Holzfällarbeiten) rechtzeitig zurück am Ausgangspunkt sind.

Unsere Höhenangaben beinhalten die tatsächlich zu leistenden Höhenmeter; lediglich kleine Kuppen und Senken mit nur geringem Höhenunterschied haben wir ausgelassen. So stehen Sie nicht plötzlich unvorbereitet vor einem großen Zwischenanstieg.

Im Wildental ist die Innere Wiesalpe ein beliebtes Wanderziel.

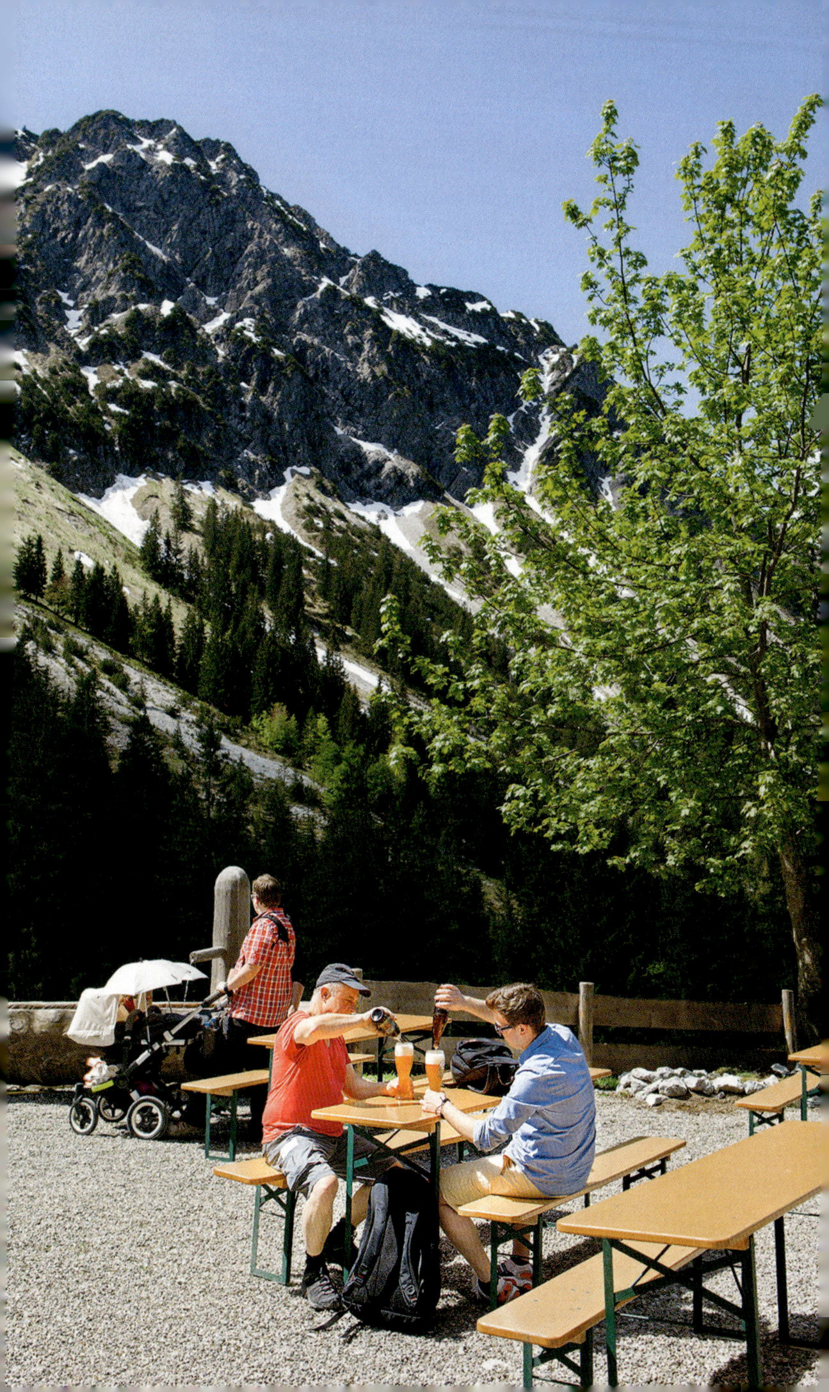

Die neu geschaffene Aussichtsplattform bietet einen tollen Blick über das Werdensteiner Moos.

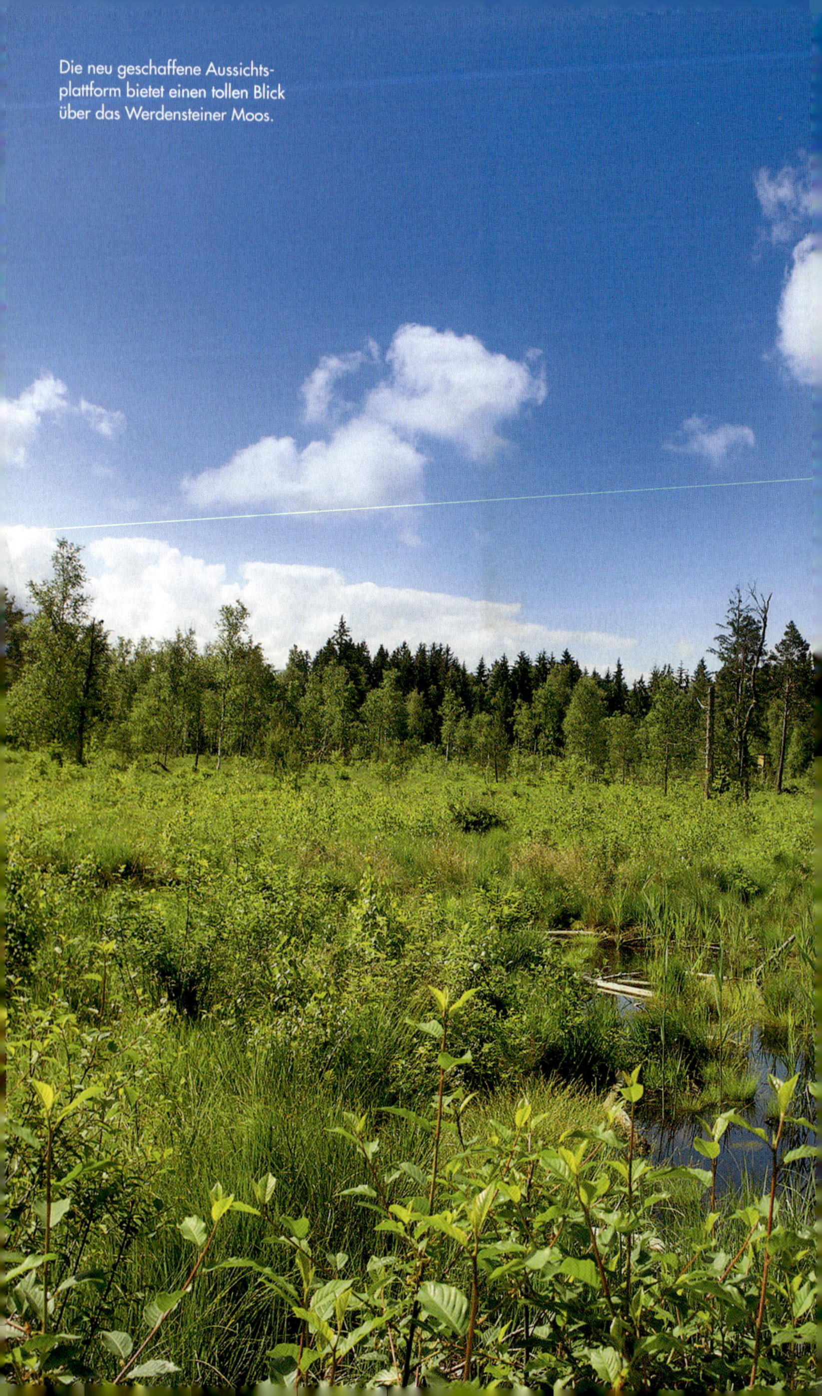

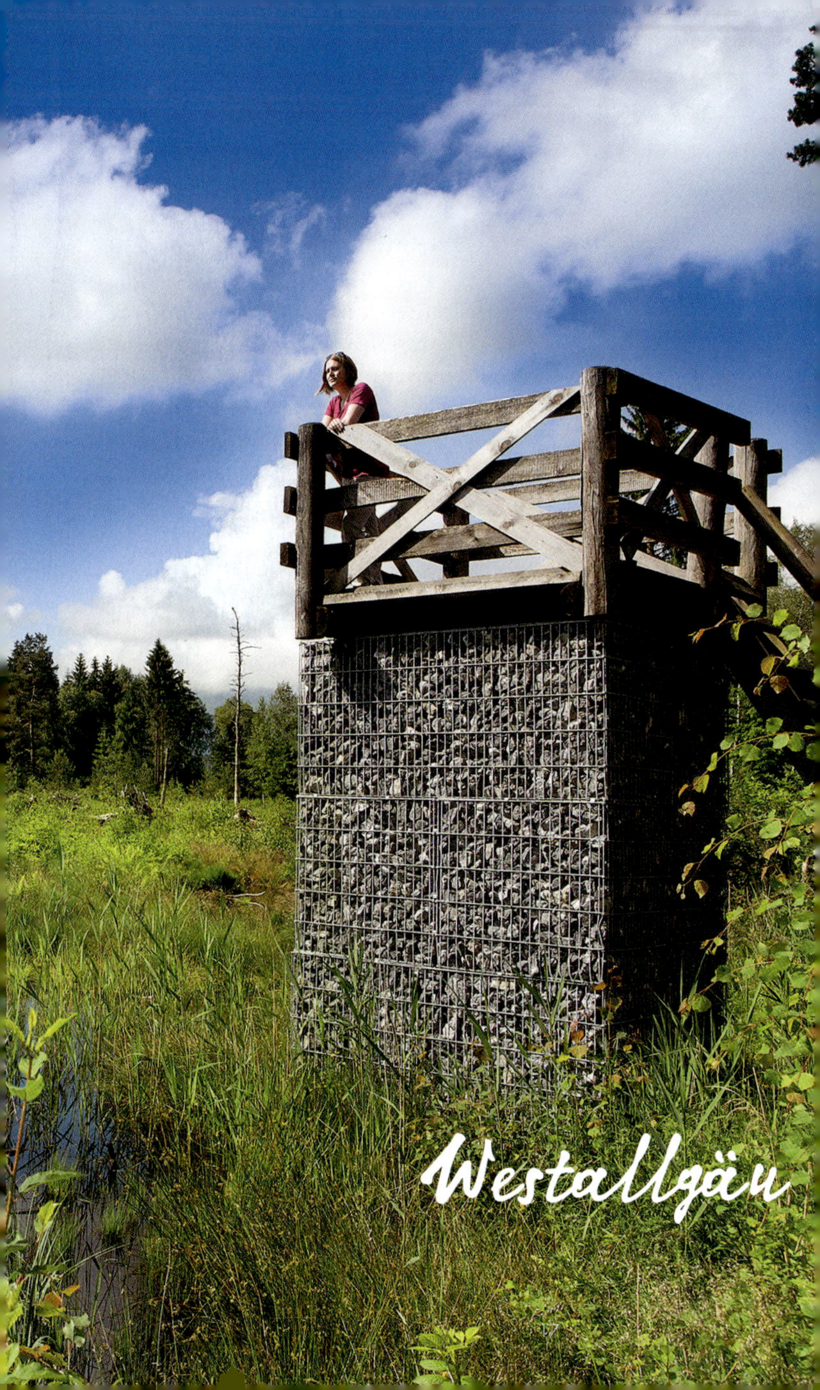
Westallgäu

1 Riedholzer Eistobel

Tosende Wasser und sanfte Hügel

Mittel	5,7 km	200 Hm	2–2.30 Std.

Tourencharakter: Die Wege zum Eistobel sind gut ausgebaut und mit Brücken und Treppen gesichert. Nach einem kurzen Zwischenanstieg erfolgt der Rückweg über breite und aussichtsreiche Wege.

Ausgangs-/Endpunkt: Infopavillon (710 m) südwestlich der Eistobelbrücke

Höchster Punkt: Bereich nordöstlich des Staufenbergs (ca. 780 m)

Anfahrt: Auto: Von der B 12 Lindau–Kempten bei Isny nach Maierhöfen abfahren, weiter über die St 1318 bis zum Parkplatz südlich der Eistobelbrücke (Argentalbrücke). GPS: 47.6411, 10.0249; Bus & Bahn: Von Isny und Oberstaufen fahren die Buslinien 731 und 733 zur Haltestelle »Eistobelbrücke«.

Einkehr: Kiosk im Infopavillon; unterwegs keine

Karte: Zumstein Wanderkarte 1:35 000, Oberstaufen/Westallgäu

Informationen: www.eistobel.de

Wasserfälle, Gletschermühlen und schroffe Felsbarrieren verleihen dem Eistobel seinen besonderen Charme. Im zweiten Teil der Wanderung begeistern Ausblicke über die Hügel im Westallgäu, die diese gelungene Tour wunderbar abrunden.

Weit unterhalb der Eistobelbrücke hat die Obere Argen eine der schönsten und beliebtesten Schluchten im Allgäu geschaffen. Der Zugang erfolgt beim Infopavillon (hier ist ein geringes Entgelt zur Unterhaltung und Sicherung der Wanderwege zu zahlen) über eine Treppe. Wer die steilen Stufen scheut, dem empfehlen wir, bis ans Ende der Parkplätze zu laufen, um dort rechts dem Wirtschaftsweg hinunter zum Fluss zu folgen. Wenige Schritte vor der Brücke treffen beide Wege wieder zusammen.

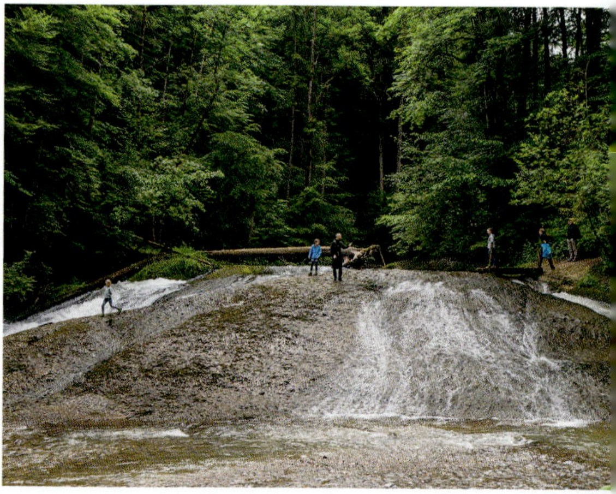

Sowie wir die Eistobelbrücke unterquert haben, folgen wir dem Wanderweg flussaufwärts. Auf diesem ersten Abschnitt plätschert uns der Fluss so munter entgegen, dass wir die vor uns liegende Schlucht allenfalls erahnen können. Als Vorboten lassen sich mit etwas Glück und Geduld Wasseramseln beobachten. Gleich nach dem Kulmus-Brunnen passieren wir die ersten Wasserfälle. An ihnen geht es über einen nun etwas steileren Pfad zum Großen Wasserfall. 18 Meter rauscht das Wasser hier in die Tiefe.

Als Nächstes erreichen wir den Zwinger. Die Engstelle wird von Felsblöcken gebildet – es ist der wildeste Abschnitt der Schlucht. Weitere Zeugnisse der Kraft des Wassers bilden die Hohe Wand, Wasserrutschen und die Strudellöcher.

Beim Eissteg biegen wir schließlich rechts ab und folgen der Beschilderung »Tour 18« zunächst Richtung Grünenbach, dann Richtung Maierhöfen zurück zum Ausgangspunkt.

Linke Seite: Kiesbänke, Wasserrutschen und Felsen charakterisieren den Eistobel.

Unten: Bildstock am Wegrand

Vom Eis geformt

Am Ende der Würmeiszeit sammelte sich Schmelzwasser im Talkessel von Ebratshofen. Es bildete sich eine Abflussrinne, durch die sich das Tal der Oberen Argen rasch vertiefte.

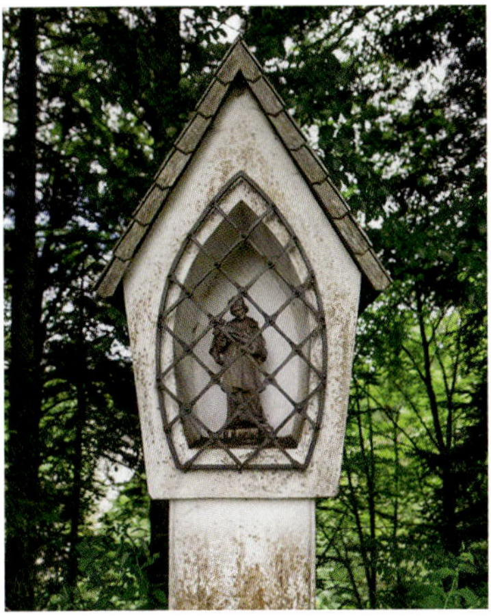

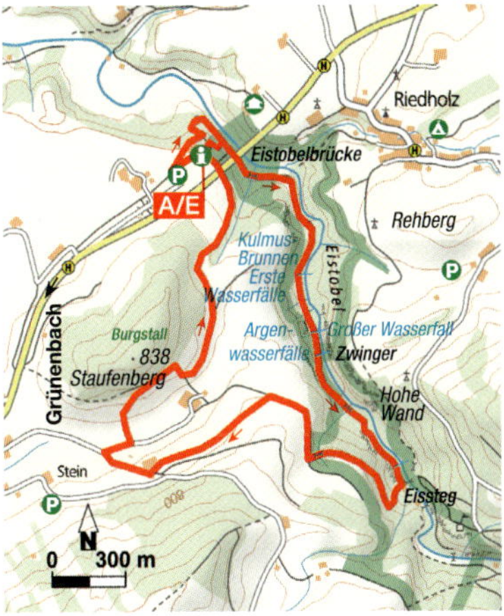

2 Alttrauchburg

Von Weitnau über den Sonneckgrat

Mittel 9,6 km 470 Hm 3.30 Std.

Tourencharakter: Für den Anstieg bis auf den Sonneckgrat ist eine gute Kondition am Berg von Vorteil. Im weiteren Verlauf abwechslungsreiche Tour auf Wegen, Pfaden und schwach befahrenen Straßen

Ausgangs-/Endpunkt: Feuerwehrplatz in Weitnau (790 m)

Höchster Punkt: Sonneckgrat (bis 750 m)

Anfahrt: Auto: Von der B 12 Lindau–Kempten bei Weinau abfahren und der OA7 ins Zentrum von Weitnau folgen; der Parkplatz befindet sich gegenüber der Touristinfo. GPS: 47.6414, 10.1251; Bus & Bahn: Von Isny und Kempten-ZUM fährt die Buslinie 50 zur Haltestelle »Weitnau«.

Einkehr: Burggaststätte Alttrauchburg (Mi–So ab 11 Uhr) , www.burggaststatte-alttrauchburg.de

Karte: Zumstein Wanderkarte 1:30 000, Immenstadt

Informationen: www.weitnau.de

Die Alttrauchburg gehört zu den besterhaltenen Ruinen im Allgäu. Unser Aufstieg führt von Süden her über den Sonneckgrat, einen Höhenrücken aus Nagelfluh. Direkt beim Zugang zur Burg lädt die Burggaststätte zum Verweilen und Entspannen ein.

Als Startpunkt für die zweite Wanderung haben wir den Parkplatz bei der Feuerwehr nahe der Touristinfo von Weitnau gewählt. Die Ruine Alttrauchburg ist hier bereits ausgeschildert. Damit folgen wir dem Burgwanderweg über den Weitnauer Bach

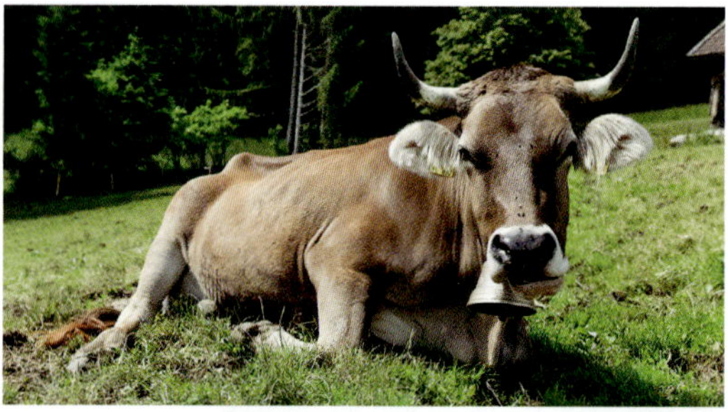

an den nördlichen Ortsrand und weiter bis zur Unterführung der B 12. Jenseits der wichtigen Verkehrsverbindung biegen wir links ab. Es folgt ein 1100 Meter langer Anstieg über sonnenverwöhnte Bergwiesen und durch kurze Waldabschnitte. Sowie wir zu einer aussichtsreich gelegenen Rastbank kommen, haben wir den Sonnengrat so gut wie erklommen. Danach geht es wieder ein Stück bergab zur Burggaststätte und zur Alttrauchburg.

Es wird davon ausgegangen, dass eine erste Festung zunächst an anderer Stelle errichtet worden war, ehe die Trauchburg im 13. Jahrhundert an ihrem heutigen Platz entstand. Im 18. Jahrhundert diente die Alttrauchburg als Steinbruch für einen neuen Schlossbau in Kißlegg und für den Bau des Schlosses Neu-Trauchburg bei Isny. Nach dem Burgbesuch kehren wir zu den Wegweisern zurück und nutzen erst die Zufahrt zur Burg, dann (halb rechts) den rot markierten Sonneckgratweg zur Sonneneckhütte. Im weiteren Verlauf passieren wir den Gipfel des Sonnenecks, bis schließlich ein Weg rechts Richtung Weitnau und Engelhirsch abzweigt. Diesem folgen wir über eine Weide bergab zur B 12 und weiter bis zum Wegweiser »Engelhirsch«. Von dort sind es noch 20 Minuten bis zu unserem Ausgangspunkt in Weitnau.

Linke Seite: Wandern? Ohne mich!

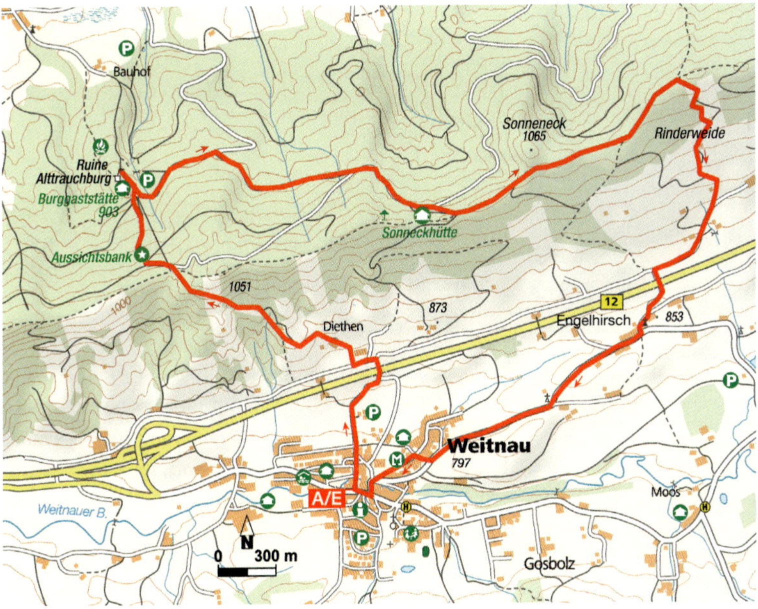

3 Falltobelweg

Malerischer Wasserfall bei Niedersonthofen

Mittel | 4,7 km | 200 Hm | 1.30–2 Std.

Tourencharakter: Im Bereich des Wasserfalls ist Trittsicherheit erforderlich. Ansonsten leichte Wanderung auf überwiegend breiten Wegen, Wald- und Wiesenpfaden

Ausgangs-/Endpunkt: Wanderparkplatz am Ende der Mühlenbergstraße in Niedersonthofen (760 m)

Höchster Punkt: Bereich der Bergwiese, ca. 930 m

Anfahrt: Auto: Von der B 19 Immenstadt–Kempten auf Höhe von Waltenhofen abfahren und der OA 22 nach Niedersonthofen folgen; weiter über die Sonnenstraße bis zur Mühlenbergstraße. GPS: 47.6243, 10.2270; Bus & Bahn: Es gibt mehrere Busverbindungen von Kempten, Immenstadt und Martinszell zur Haltestelle »Niedersonthofen«. Der Zugang erfolgt über Sonnen- und Mühlenbergstraße.

Einkehr: Unterwegs keine; mehrere Rastmöglichkeiten

Karte: Zumstein Wanderkarte 1:30 000, Immenstadt

Informationen: www.allgaeuerseenland.de

Auf dem Falltobelweg geben uns mehrere Tafeln Einblick in die Welt der Kräuter und in ihre Verwendung in der Heilkunde oder zu Genusszwecken. Als Höhepunkt der Tour erwartet uns ein Bilderbuchwasserfall, für den allein sich diese Tour schon lohnt.

Am kleinen Wanderparkplatz am Ende der Mühlenbergstraße beginnt der Falltobelweg. Für den ersten

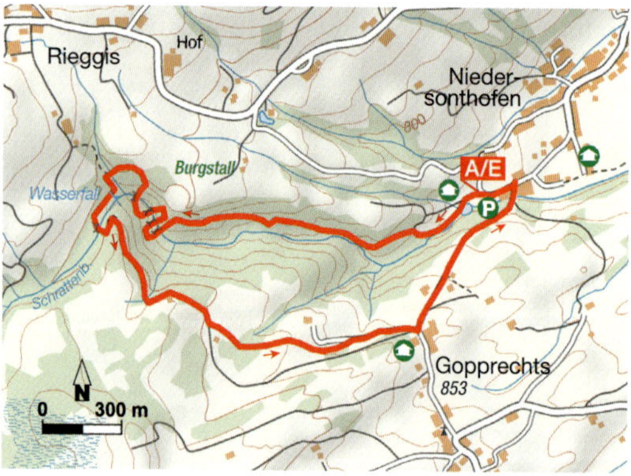

Teil der Wanderung folgen wir der Beschilderung zum Wasserfall und tauchen damit bachaufwärts in den Hangschluchtwald ein. Nachdem wir die ersten Kräutertafeln studiert haben und wissen, warum wir die Hände vom Bingelkraut lassen sollten, geht unser Weg in einen Pfad über und geben mehrere Brücken den Blick auf den Schrattenbach frei. Nach gut 1600 Metern ist der Wasserfall erreicht. Hier sind es weder die Höhe noch die Menge an Wasser, mit der der Wasserfall punktet – vielmehr lenkt die malerische Lage in einer Felsbiegung unseren Blick auf sich. Das Naturschauspiel können wir ruhig eine Weile auf uns wirken lassen, denn der anschließende Aufstieg auf dem Pfad rechts vom Wasserfall wird unseren Puls ebenfalls in die Höhe treiben. Nach 10–15 Minuten aber sollte diese steile Passage geschafft sein, womit wir wieder auf leichteres Terrain gelangen. Wo sich der Wanderweg teilt, biegen wir links Richtung Gopprechts ab. Der Weg kreuzt erneut den Schrattenbach und führt uns auf eine Bergwiese mit Hütte und Bank. Ab der Hütte nutzen wir den Wirtschaftsweg. Sowie uns dieser nochmals durch den Wald geführt hat, wechseln wir links auf einen Wiesenpfad, der im weiteren Verlauf ebenfalls in einen Wirtschaftsweg übergeht. Ab Gopprechts sind es noch 800 Meter bis zu unserem Ausgangspunkt bei Niedersonthofen, wo diese kurzweilige Runde endet.

Auf dem Falltobelweg eröffnen mehrere Brücken die Sicht auf den Schrattenbach.

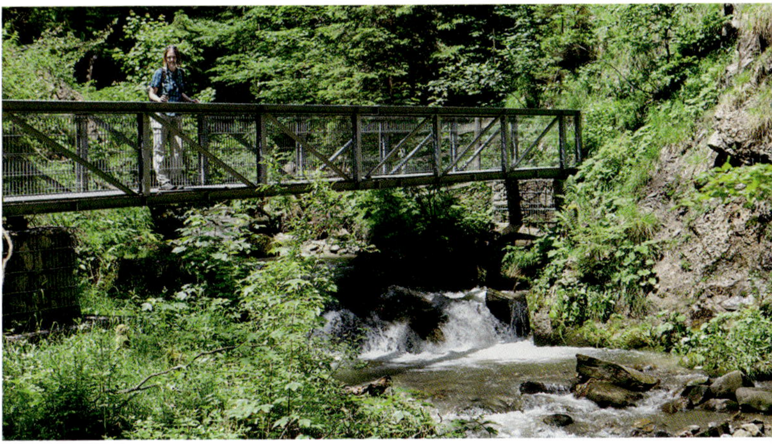

4 Werdensteiner Moos

Einblicke in ein einzigartiges Hochmoor

Leicht 6,2 km 70 Hm 2 Std.

Tourencharakter: Einfache Runde auf weitgehend ebenen, teils mit Häcksel bestreuten Wegen sowie Rad- und Wanderwegen

Ausgangs-/Endpunkt: Wanderparkplatz Thanners (710 m)

Höchster Punkt: Am Waldrand (ca. 740 m)

Anfahrt: Auto: Von der B 19 Immenstadt–Kempten südlich von Oberdorf nach Thanners abfahren und der OA 5 bis zum Wanderparkplatz nahe dem Haxenwirt folgen. GPS: 47.6086, 10.2680; Bus & Bahn: Von Kempten, Oberdorf und Immenstadt fahren die Buslinien 64 und 9783 die Haltestelle »Thanners« an.

Einkehr: Unterwegs keine; schöne Rastmöglichkeiten

Karte: Zumstein Wanderkarte 1:30 000, Immenstadt

Informationen: www.allgaeu.de

Bis ins 20. Jahrhundert hinein wurde das Werdensteiner Moos entwässert, Torf gestochen und die Fläche aufgeforstet. In den 1980er-Jahren wurde diese Entwicklung umgekehrt und die Fläche wieder vernässt. Mit Erfolg, denn heute zählt das Moos wieder zu den größten Hochmooren im Allgäu.

Vom Wanderparkplatz Thanners an der OA5 führt ein mit Holzhäckseln bedeckter Weg schnurstracks hinein ins Werdensteiner Moos. Noch bevor wir auf die offene Hochmoorfläche gelangen, biegen wir beim Abzweig im Wald links Richtung Eckart ab. Der sehr bequem zu begehende Weg führt am Campingplatz vorbei und ermöglicht uns bald erste Einblicke in die empfindliche Moorwelt. Rechts des Wegs spiegeln sich Gräser und Birken im dunklen Moorwasser,

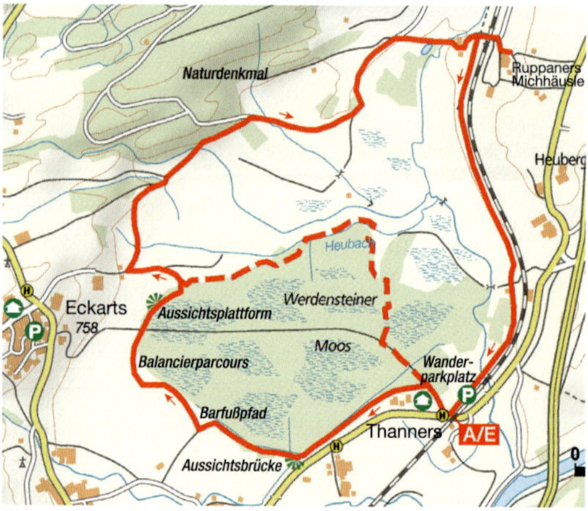

daneben informieren einige Tafeln über die heilenden Eigenschaften der im Moor reich enthaltenen Huminsäuren, über die Renaturierung des Hochmoors und über verschiedene Arten, die hier seitdem wieder Fuß gefasst haben. Wir folgen dem Rundweg über einen sehr schön angelegten Rastplatz mit Aussichtsbrücke, am Barfußpfad und am Balancierparcours vorbei bis zur Aussichtsplattform östlich von Eckarts. Damit eröffnen sich uns einige ganz unterschiedliche Einblicke in die Moorlandschaft und ihre Bewohner. Beim nächsten Abzweig halten wir uns links und folgen fortan der Beschilderung in Richtung Oberdorf, wobei wir auf dem Weg dorthin rechts auf die vor Ort ausgewiesene Variante wechseln. So kommen wir durch aussichtsreiche Wiesen zur Bahnlinie, vor der wir erneut rechts abbiegen. Alternativ können wir auch einen Abstecher zum Milchhäusle unternehmen. Der letzte Abschnitt erfolgt auf dem Rad- und Fußweg unterhalb der Bahnlinie, bis wir auf die OA5 treffen. Ab dort trennen uns nur noch wenige Schritte von unserem Ausgangspunkt beim Wanderparkplatz.

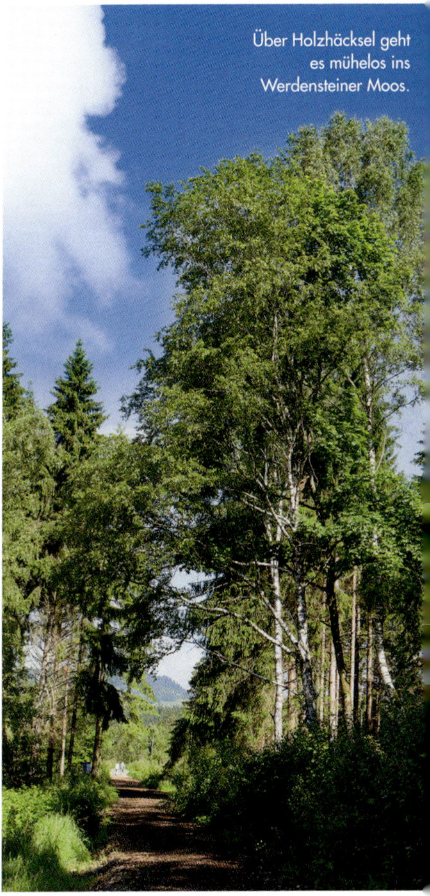

Über Holzhäcksel geht es mühelos ins Werdensteiner Moos.

Kurze Runde

Für eine kurze Runde laufen wir beim Aussichtsturm geradeaus weiter und bleiben auf dem Moorrundweg. Die Tour verkürzt sich dadurch auf ca. 4 km.

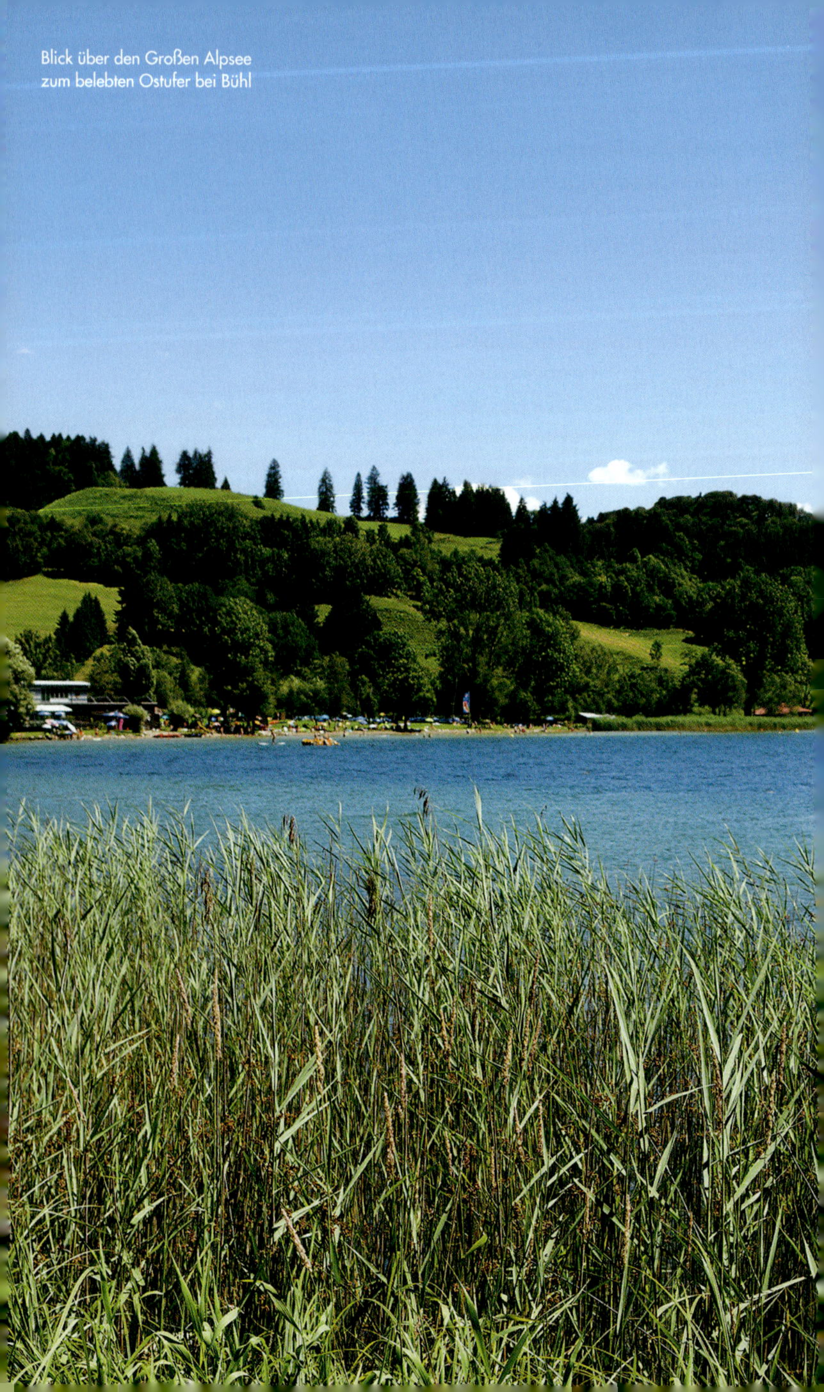

Blick über den Großen Alpsee
zum belebten Ostufer bei Bühl

Oberstaufen und Alpsee

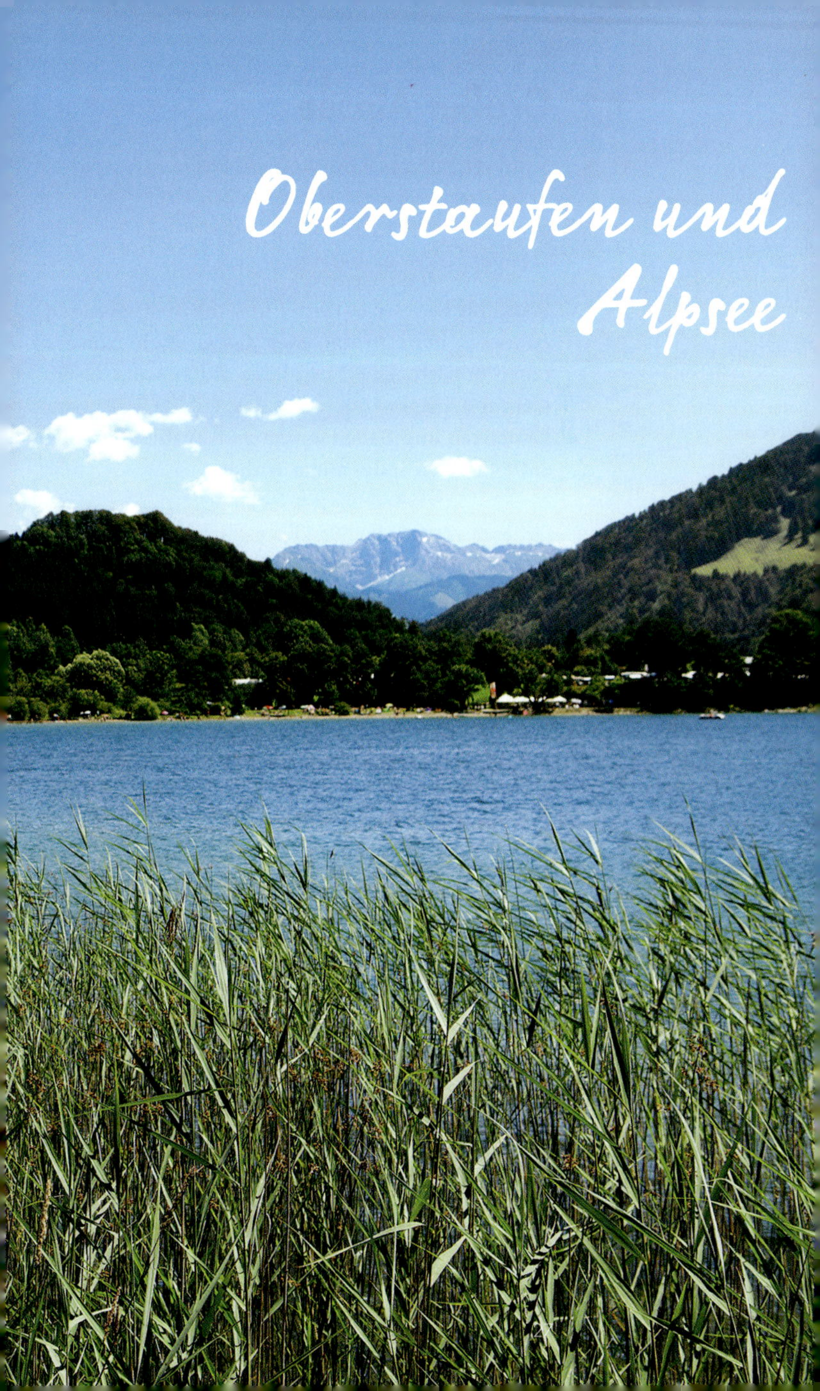

5 Großer Alpsee

Schöner Rundwanderweg ab Bühl

Mittel | 11,4 km | 350 Hm | 3.30–4 Std.

Tourencharakter: Der Abstecher zum Wasserfall erfordert etwas Trittsicherheit. Ansonsten technisch einfache Runde auf überwiegend gut gepflegten Wegen und Pfaden

Ausgangs-/Endpunkt: AlpSeeHaus in Bühl (730 m)

Höchster Punkt: Gschwender Hof (860 m)

Anfahrt: Auto: Von der B 308 Immenstadt–Oberstaufen bei Bühl am See auf die Seestraße abfahren und der Straße zum AlpSeeHaus folgen. GPS: 47.5696, 10.1936; Bus & Bahn: Von Immenstadt und Oberstaufen fährt die Buslinie 39 die Haltestelle »AlpSeeHaus« in Bühl am See an.

Einkehr: Kleiners Hexahäusle; Alpsee Bergwelt; Jägerhof; in Bühl am Alpsee

Karte: Zumstein Wanderkarte 1:30 000, Immenstadt

Informationen: www.alpsee-gruenten.de

Wann immer es das Wetter und die Temperaturen zulassen, herrscht am Ufer des Großen Alpsees reger Betrieb. Die Parkplätze füllen sich rasch, während Liegewiesen und das seichte Ufer zum Faulenzen und Baden einladen. Auf dieser Runde entfliehen wir indes allem Trubel.

Offiziell startet die Wanderung beim AlpSeeHaus in Bühl. Die Orientierung fällt leicht: immer den Schildern mit dem Eisvogel-Symbol und der Aufschrift »Großer Alpsee Rundwanderweg« im Uhrzeigersinn nach. Damit verlassen wir Bühl über die Kirchsteige und nutzen die Unterführung der B 308. Auf der anderen Seite der Bundesstraße verlassen wir nach gut 200 Metern die Rieder Steige (rechts). Wir kommen damit auf den Ergelweg, von wo sich uns erste Ausblicke über den Alpsee eröffnen.

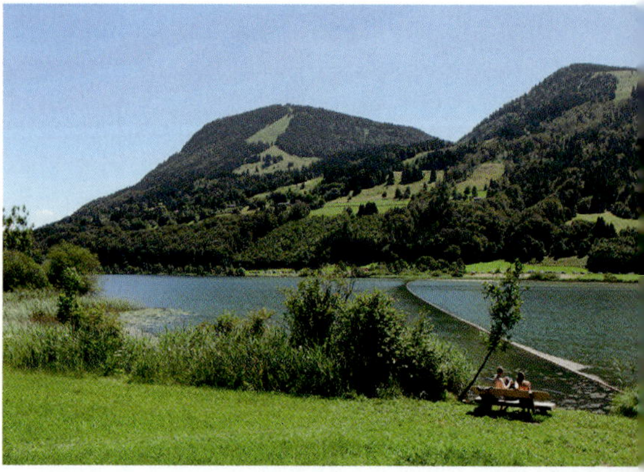

Wo der Pfad wieder auf die Rieder Steige trifft, könnten wir dieser ganz bequem nach Gschwend folgen. Schöner jedoch ist es, gleich wieder rechts von der Straße abzuzweigen und den Umweg über den Wasserfall mitzunehmen. Dieser befindet sich abseits vom Wanderweg, lohnt aber die kurze Anstrengung. Anschließend biegen wir beim Wanderparkplatz Rieder rechts ab und passieren den Gschwender Hof. Ab dort geht es über Bergpfade Richtung Hintersee und Ratholz bis zur Alpsee Bergwelt, wo wir die B 308 ein zweites Mal unterqueren. Für den Rückweg passieren wir das Jägerhaus und biegen vor der Haltestation des Alpseebähnles rechts ab. Der hier wieder einfach zu gehende Pfad führt uns über die Konstanzer Ach auf die Nordseite des Großen Alpsees. Zwischen dem Ufer und der Bahnlinie geht es an Trieblings vorbei zum Strandbad Hauser. Von dort ist es nur noch ein kurzes Stück bis zum Ausgangspunkt beim AlpSeeHaus.

Alpsee Bergwelt

Die Alpsee Bergwelt bietet mit der 2,8 km langen Ganzjahres-Rodelbahn Action und Spaß für die ganze Familie. Zu den weiteren Angeboten zählen die Abenteuer Alpe und der Kletterwald Bärenfalle (www.alpsee-bergwelt.de).

Linke Seite: Am Nordufer des Alpsees laden ruhige Plätze zum Verweilen und Erholen ein.

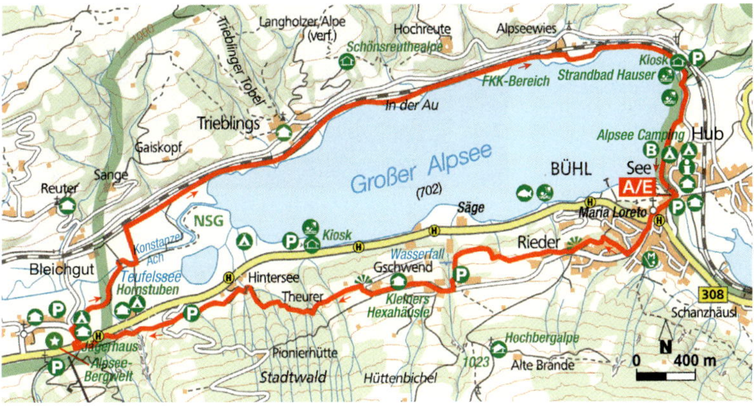

6 Ruinen bei Immenstadt

Hugofels, Alpe Rothenfels und himmlische Ruhe

Leicht | 10 km | 300 Hm | 3.30 Std.

Tourencharakter: Die Zugänge zu den Burgruinen erfordern etwas Trittsicherheit. Sonst sehr einfache Runde mit wechselnden Ausblicken über den Alpsee sowie Richtung Grünten

Ausgangs-/Endpunkt: AlpSeeHaus in Bühl (730 m)

Höchster Punkt: Oberhalb Alpe Rothenfels und Zaumberg (je 860 m)

Anfahrt: Auto: Von der B 308 Immenstadt–Oberstaufen bei Bühl am See auf die Seestraße abfahren und der Straße zum AlpSeeHaus folgen. GPS: 47.5696, 10.1936; Bus & Bahn: Von Immenstadt und Oberstaufen fährt die Buslinie 39 die Haltestelle »AlpSeeHaus« in Bühl am See an.

Einkehr: Alpe Rothenfels (Do–So); Landgasthof Hirsch; in Bühl am Alpsee

Karte: Zumstein Wanderkarte 1:30 000, Immenstadt

Informationen: www.alpsee-gruenten.de

Obwohl von Burg Rothenfels und auch von Burg Hugofels nur spärliche Reste die Zeiten überdauert haben, lohnen beide einen Abstecher. Danach führt uns diese Wanderung über Wiesen zur Alpe Rothenfels mit ihrer herrlichen Ruhe.

Am AlpSeeHaus überqueren wir zunächst die Konstanzer Ach und nutzen dann den Fischerweg über die Gleise. Auf diesem ersten Abschnitt sind die Ruinen Rothenfels und Hugofels bereits ausgeschildert. Nachdem wir die Missener Straße unterquert haben, folgt ein kurzer steiler Anstieg, ehe wir um eine Weide herum zum Rothenfels kommen. Der Zugang zur Ruine Rothenfels befindet sich direkt gegenüber dem Gutshof. Die Mauerreste sind kaum der Rede wert,

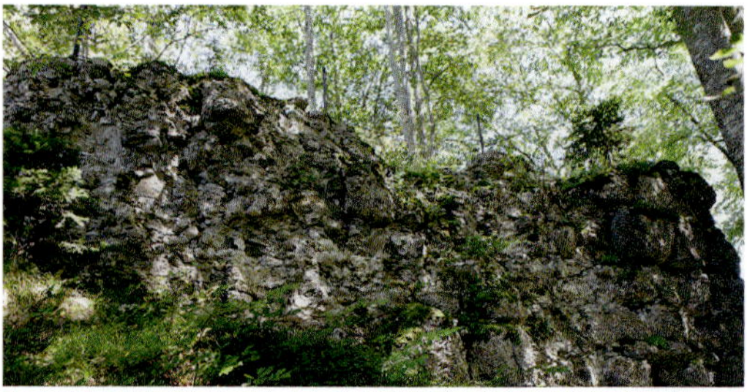

wohl aber der Ausblick über Bühl auf den Alpsee. Zurück beim Hof führt ein abschüssiger Pfad hinauf auf den Hugofels. Neben dem Blick auf den Alpsee öffnet sich hier auch die Sicht über Immenstadt hinweg auf den Mittagberg sowie über die Hörnergruppe zu den Allgäuer Hochalpen.

Nach den zwei Abstechern geht es zur Alpe Rothenfels. Der Weg führt über eine Lichtung, die frei von jeglicher technischen Belastung ist – einzig die Antenne auf dem Grünten ist in der Ferne zu erkennen. Eine schöne Einstimmung auf die nahe gelegene Alpe. Anschließend folgen wir der Beschilderung über das Dachseck und Untereinharz nach Ober-einharz mit der Kapelle Mariä Namen. Dort biegen wir links Richtung Zaumberg ab, sodass wir über eine Anhöhe mit geschickt platzierter Rastbank kommen. In Zaumberg passieren wir die Kapelle St. Leonhard und den Landgasthof Hirsch, ehe wir beim Bildstock erneut links abbiegen. Mit schönen Blicken über den Alpsee geht es hinunter zum Strandbad Hauser sowie, am Campingplatz vorbei, zurück zum AlpSeeHaus in Bühl.

Strandbad Hauser

Am Ostufer des Großen Alpsees laden Strandbad und See-Café zum Verweilen und Erholen ein. Auch ein Bootsverleih ist mit angeschlossen (www.seecafé-hauser.de).

Linke Seite: Nur wenige Mauern sind von der Burg Rothenfels noch zu sehen.

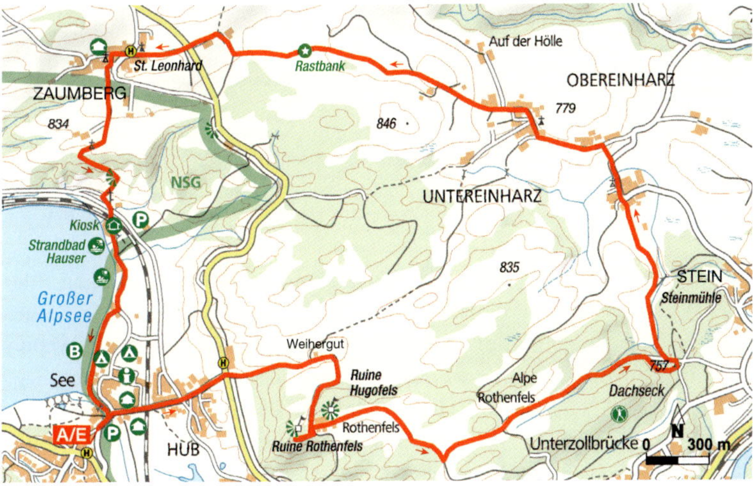

7 Rundweg Weißbach – Ifen

Ausblicke über das Weißachtal

Mittel | 5,3 km | 220 Hm | 2 Std.

Tourencharakter: Der Anstieg nach Ifen geht ganz gut in die Beine. Danach lockere Runde auf breiten Wegen und schwach befahrenen Straßen mit schönen Ausblicken.

Ausgangs-/Endpunkt: Enzianhütte Weißach (679 m)

Höchster Punkt: Bildstock oberhalb von Ifen (841 m)

Anfahrt: Auto: Von der B 308 Immenstadt–Lindau bei Oberstaufen auf die St 2005 Richtung Österreich abfahren und der Straße zum Ausgangspunkt in Weißach folgen. GPS: 47.5455, 10.0195;
Bus & Bahn: Vom Bahnhof Oberstaufen fahren die Buslinien 29 und 9795 die Haltestelle »Weissachmühle« an.

Einkehr: Alpengasthof Hotel Bad Rain (täglich ab 8 Uhr)

Karte: AV-Karte 1:25 000, BY 1 Allgäuer Voralpen West

Informationen: www.oberstaufen.de

Durch seine Lage unterhalb von 850 Metern gehört der Rundwanderweg ab Weißach zu denen, die oft schon im zeitigen Frühjahr möglich sind. Der Anstieg hoch nach Ifen eignet sich zugleich, um Kondition für die höheren Ziele im Allgäu aufzubauen.

Los geht es beim Parkplatz gegenüber der Enzianhütte in Weißach. Auf Höhe der Weissachmühle biegen wir links auf den Sennereiweg ab. Dieser trifft nach 300 Metern auf die mit einem roten Symbol

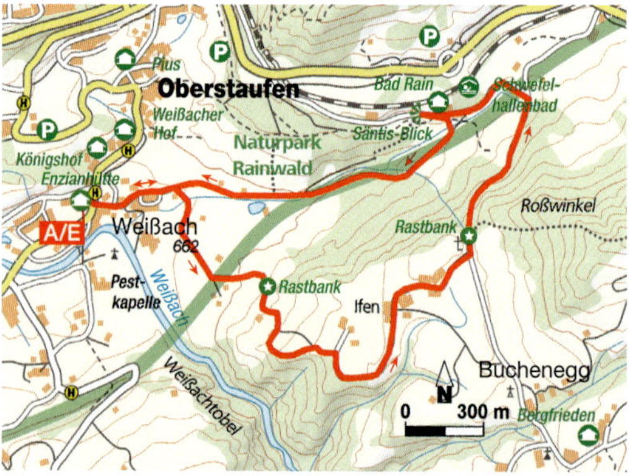

gekennzeichnete Himmelsstürmer-Route und führt direkt nach Bad Rain. Wer dies so macht, kann sich auf einen lockeren Spaziergang freuen. Als Wanderer nehmen wir indes den Abzweig nach Buchenegg und Hündlekopf und folgen dem rot markierten Weg am Finkenhof vorbei in südöstlicher Richtung. Nachdem wir mehrere Einzelhöfe passiert haben, gelangen wir an den Fuß eines Steilhangs. Der Aufstieg erfolgt entlang eines schmalen Bachlaufs, dann durch Wiesen und schließlich auf einem Pfad am Waldrand. Wo der Pfad in eine Zufahrt mündet, haben wir das einzige anstrengende Wegstück gemeistert. Rechts ab folgen wir den Wegweisern durch das nur wenige Häuser umfassende Ifen bis zum Bildstock an der Straße nach Buchenegg. Zu Beginn der Wandersaison bietet sich uns hier vom Höhenzug aus noch eine freie Sicht auf die schneebedeckte Hochgrat-Nordseite. Mit diesen schönen Eindrücken geht es links in den Wald bzw. auf der Straße hinunter nach Bad Rain. Kurz nachdem wir den Abzweig zur Hündle-Tal-

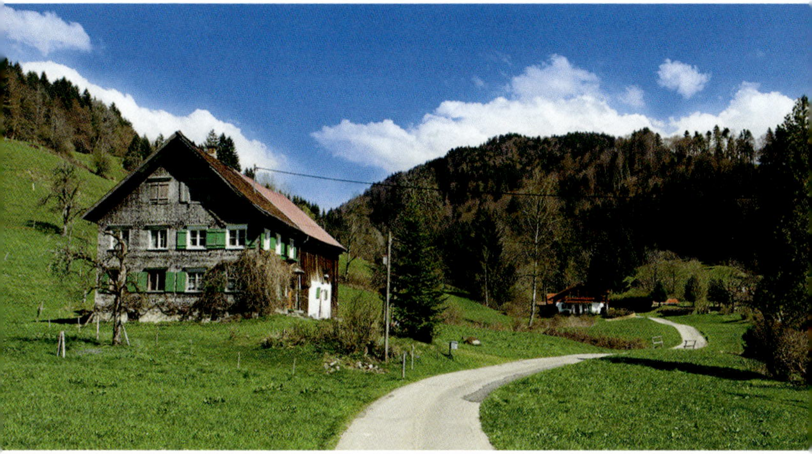

Spazierweg von Weißbach nach Bad Rain

station rechts liegen gelassen haben, ist der Alpengasthof Bad Rain erreicht. Von der Terrasse des Hotels reicht der Blick an klaren Tagen bis zum Säntis. Für den Rückweg kehren wir anschließend zum letzten Wegweiser zurück, wo wir uns nun rechts halten und den Bach überqueren, ehe wir dem Wirtschaftsweg zurück nach Weißbach folgen.

8 Schwandalpe

Krokusblüte am Hündle

Mittel 6,3 km 300 Hm 2.30 Std.

Tourencharakter: Bestens beschilderte und gepflegte Runde ab der Bergstation der Hündlebahn, bei der sich die Höhenmeter auf mehrere Steigungen verteilen.

Ausgangs-/Endpunkt: Bergstation Hündlebahn (1050 m)

Höchster Punkt: Hündlekopf (1114 m)

Anfahrt: Auto: Von der B 308 Immenstadt–Oberstaufen bis zur Einfahrt der Hündle-Erlebnisbahnen fahren; die Parkplätze bzw. die Bahn befinden sich direkt neben der Bundesstraße. GPS: 47.5518, 10.0508; Bus & Bahn: Von Immenstadt und Oberstaufen fährt die Buslinie 39 zur Haltestelle »Hündlebahn«.

Einkehr: Schwandalpe; Gastronomie bei der Bergstation

Karte: AV-Karte 1:25 000, BY 1 Allgäuer Voralpen West

Informationen: www.huendle-imberg.de

Wenn die Schneedecke am Ende des Winters bis auf wenige Flecken zusammengeschmolzen ist, verwandeln weiße und blaue Krokusse die Wiesen am Hündle in ein Blütenmeer. Das jährlich wiederkehrende Schauspiel begeistert Wanderer und Naturliebhaber gleichermaßen.

Bei der Bergstation ist der Erlebnisweg zwischen Hündle und der Schwandalpe oberhalb von Thalkirchdorf auf einer Tafel skizziert. Für den Einstieg folgen wir dem aussichtsreichen Spazierweg über die Sennalpe zum »Loch im Fels«. Wer mag, kann ruhig seinen Kopf dort hineinstecken und einfach laut summen – das Klangerlebnis ist überraschend. Für den Weg zu den Krokuswiesen müssen wir uns beim Abzweig unterhalb vom Gipfel links halten. Da wir schon einmal hier sind, bietet sich ein Abstecher auf den Hündlekopf an, ehe wir auf den Höhenweg zur Hochsiedelalpe zurückkehren. Bereits auf diesem Abschnitt sind nach der Schneeschmelze einige, meist

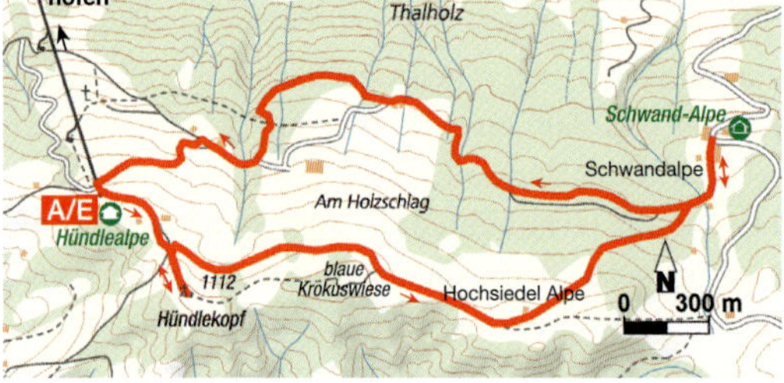

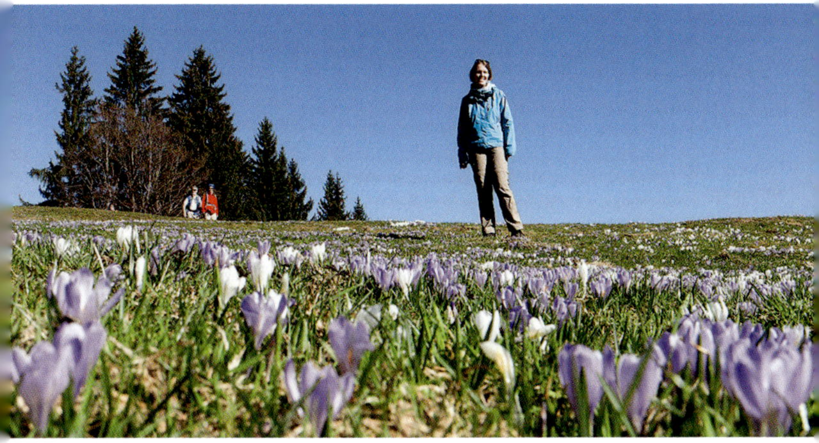

weiße Krokusse zu sehen. Als Besonderheit aber gilt die Blaue Krokuswiese, wo nach der Schneeschmelze Tausende zarte Blüten den Frühling und die Wandersaison am Hündle einläuten.

Im zeitigen Frühjahr verwandeln Tausende Krokusse die Wiesen beim Hündle in ein Blütenmeer.

Beim Wegweiser oberhalb der Hochsiedelalpe halten wir uns links. Sowie wir die unbewirtschaftete Alpe passiert haben, breiten sich vor allem links von uns weitere Krokuswiesen über den Hang aus. Am Waldrand blühen mit der Weißen Pestwurz und der Sumpfdotterblume weitere Frühlingsboten zur selben Zeit wie der Krokus. Durch den Wald geht es weiter bergab zum Abzweig Schwändle. Lust auf eine Einkehr? Dann trennen uns rechts noch fünf Minuten vom Einkehrstüble Schwandalpe. Ansonsten können wir auch gleich links abbiegen und dem Bergweg wahlweise zur Talstation oder zurück zur Bergstation folgen, wo die kurze Runde endet.

Sommerrodelbahn

Ab dem Frühjahr bis in den Herbst hinein ist die Sommerrodelbahn am Hündle geöffnet. Auf einer Strecke von 850 m geht es durch 16 Kurven und zwei Jumps hinunter ins Tal.

9 Buchenegger Wasserfälle

Von Steibis an die Weißbach

Mittel	6,4 km	200 Hm	2.30 Std.

Tourencharakter: Der Abstieg beim Wasserfall erfordert etwas Umsicht, ist aber auch für weniger erfahrene Wanderer gut zu bewältigen; ansonsten einfache Runde.

Ausgangs-/Endpunkt: Steibis (862 m)

Höchster Punkt: Bereich Golfplatz (bis 910 m)

Anfahrt: Auto: Von der B 308 Immenstadt–Lindau bei Oberstaufen auf die St 2005 Richtung Österreich abfahren und der Beschilderung nach Steibis folgen; alternativ bei der Imbergbahn parken. GPS: 47.5299, 10.0240; Bus & Bahn: Vom Bahnhof Oberstaufen fährt die Buslinie 9795 die Haltestelle »Steibis-Ortsmitte« an.

Einkehr: Alpe Neugreuth; Alpe Neugschwend

Karte: AV-Karte 1:25 000, BY 1 Allgäuer Voralpen West

Informationen: www.oberstaufen.de

Die Buchenegger Wasserfälle entstanden im Nagelfluh- und in weicheren Gesteinsschichten aus Mergel und Sandstein. An heißen Tagen ist das Becken unterhalb der Wasserfälle ein beliebtes Ziel für Wanderer und Familien.

Das Ziel dieser Wanderung ist ab dem Hündle über den Premiumwanderweg »Wildes Wasser« gut zu erreichen. Von Steibis ist der Zugang zu diesem Bilderbuchwasserfall jedoch um einiges kürzer und leichter.

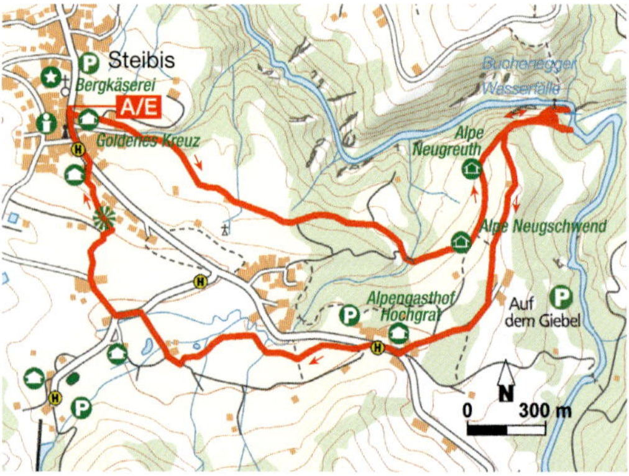

Ab Steibis sind die Buchenegger Wasserfälle am Wegweiser gegenüber der Bergkäserei sowie nahe der Dirndlstube angeschrieben. Mit Blick über artenreiche Wiesen hinweg bis zur markanten Nordwestflanke des Hochgrats wandern wir zunächst auf sehr einfachen Wegen. Am Waldrand erinnert eine Tafel an die frühere Alpin-Skifahrerin und Olympiasiegerin Christl Cranz-Borchers. Hier biegen wir links ab und folgen dem Wanderweg durch den Wald sowie über Bergwiesen zur Alpe Neugreuth. Nachdem wir die idyllisch gelegene Bergwirtschaft passiert haben, folgen wir dem nun rot markierten Bergweg erneut in den Wald. Der obere Zugang zu den Buchenegger Wasserfällen erfordert etwas, der Abstieg zum unteren Becken dann noch mehr Trittsicherheit. Schön und mit etwas Umsicht machbar sind beide Abstecher. Anschließend kehren wir auf demselben Pfad zurück zum Abzweig nahe der Alpe Neugreuth. Hier wechseln wir links auf den als »Himmelsstürmer« (rot) gekennzeichneten Weg und wandern zunächst Richtung Hochgrat-Talstation. Wir kommen damit

Für die Buchenegger Wasserfälle kann man ruhig eine längere Pause einplanen.

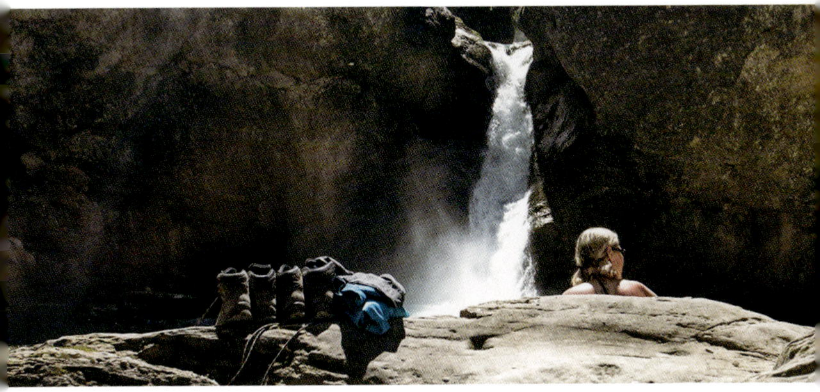

auf einen aussichtsreichen Bergrücken zwischen der Weißach und dem Stegenbach. Auf dem weiteren Weg zum Gasthof Hirsch ist Steibis wieder ausgeschildert, wobei wir die Variante über den Abzweig zur Imbergbahn nehmen. So genießen wir zum Schluss der Wanderung noch einen weiteren schönen Ausblick über den Erholungsort Steibis.

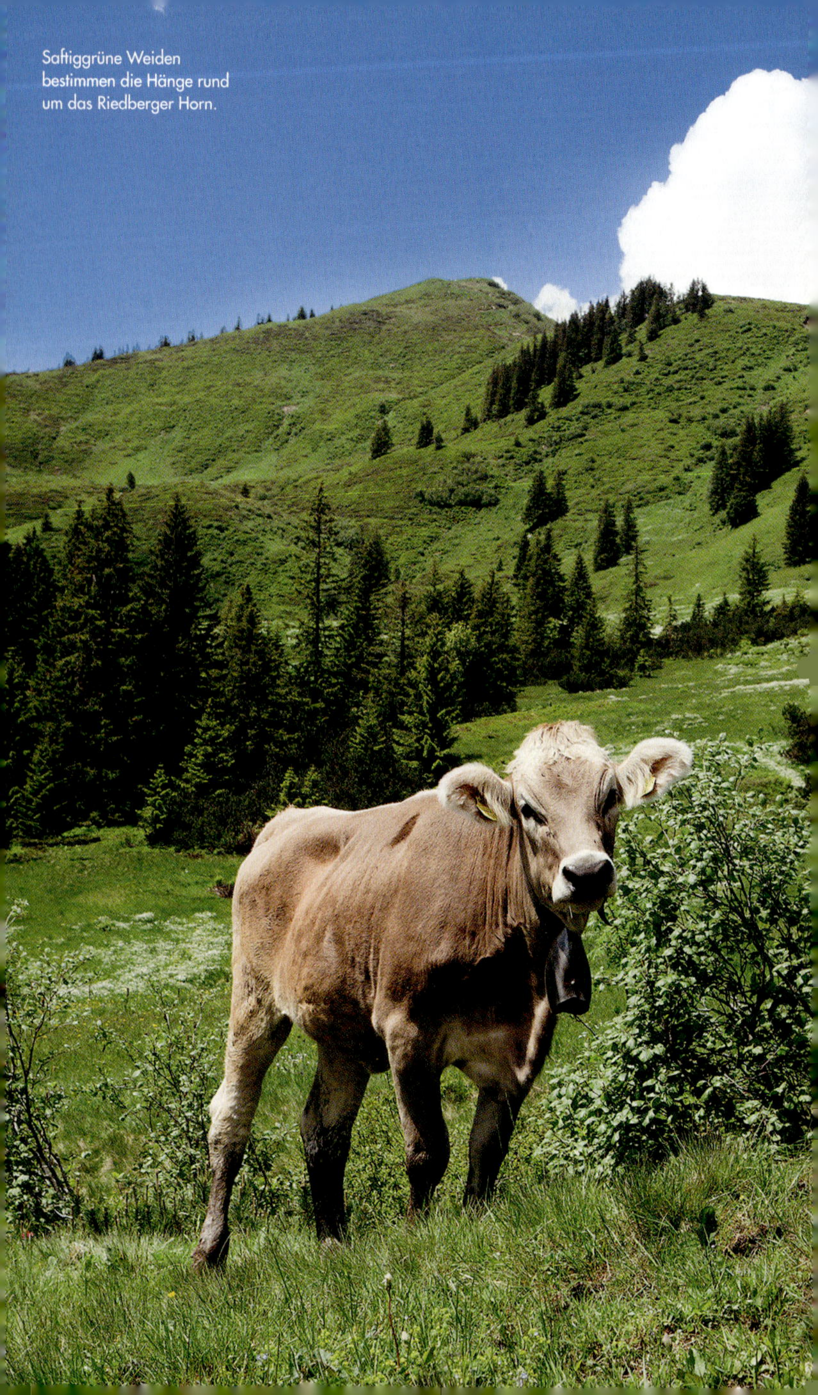

Saftiggrüne Weiden bestimmen die Hänge rund um das Riedberger Horn.

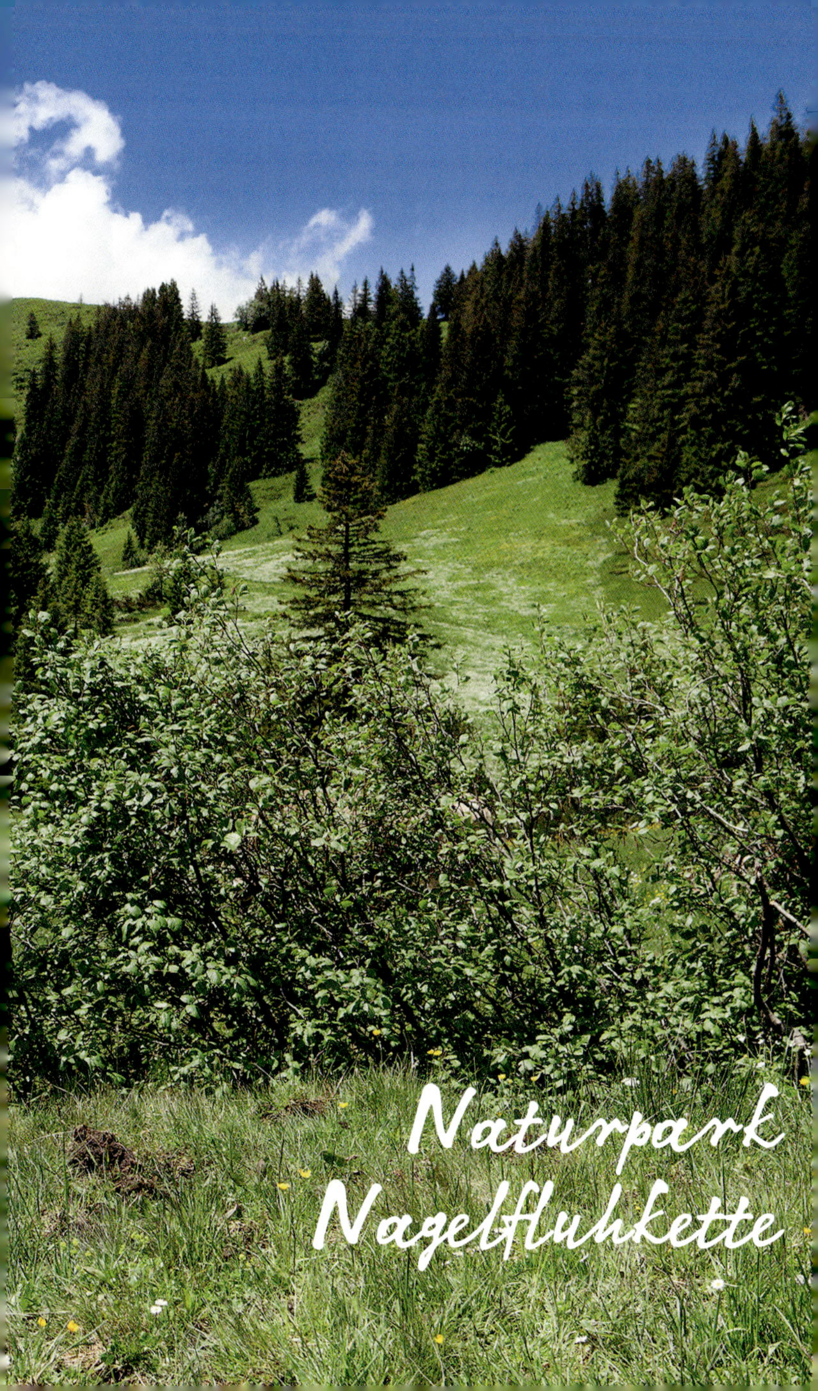
Naturpark
Nagelfluhkette

10 Alpenfreiheit

Zwischen Imbergkamm und Hohem Häderich

Mittel | 13,8 km | 650 Hm | 5 Std.

Tourencharakter: Die Schlüsselstelle bildet eine Seilbrücke über den Lanzenbach, die allerdings deutlich einfacher zu meistern ist, als es klingen mag. Ansonsten abwechslungsreiche Bergwanderung, bei der Kondition von Vorteil ist

Ausgangs-/Endpunkt: Bergstation Imbergbahn (1220 m)

Höchster Punkt: Nach der Schneelochalpe (bis 1340 m)

Anfahrt: Auto: Von der B 308 Immenstadt–Lindau bei Oberstaufen auf die St 2005 Richtung Österreich ab- und zur Imbergbahn in Steibis fahren. GPS: 47.5209, 10.0235; Bus & Bahn: Vom Bahnhof Oberstaufen fährt die Buslinie 9795 die Haltestelle »Imbergbahn« an.

Einkehr: Remmeleck-Alpe; Oberstiegalpe; Alpengasthof Hörmoos; Hochwies; Glutschwanden; Imberghaus

Karte: AV-Karte 1:25 000, BY 1 Allgäuer Voralpen West

Informationen: www.huendle-imberg.de

Die als »Premiumwanderweg« ausgezeichnete Alpenfreiheit erschließt uns mit Alpflächen und Hochmooren, Bergwäldern und Felsformationen ganz unterschiedliche Aspekte der Nagelfluhkette. Am Wegesrand sorgen einige Gasthäuser bestens für das leibliche Wohl.

Bei der Bergstation der Imbergbahn sind die Ruhetage der umliegenden Alpengasthäuser angeschrieben. Das gibt Sicherheit für diese etwas anspruchsvollere Wanderung. Direkt oberhalb der Station nutzen wir den rot markierten Weg über die Obere Bergmoosalpe zur Remmeleckalpe. Bei der einfachen Bergwirtschaft verlassen wir den breiten Weg und steigen (rechts) auf dem teils ausgetretenen Pfad hinunter zum Lanzenbach. Bei dem von Wald umgebenen Wildbach erwartet uns eine Überraschung: Anstelle einer Brücke leiten uns zwei Seile auf die gegenüberliegende Seite. Sowie wir diese kleine Hürde gemeistert haben, steigt der Wanderweg bis zu einem Wirtschaftsweg an. Auf nun wieder deutlich bequemeren Wegen folgen wir der Beschilderung (links) über die Mittlere Stiegalpe und an einem einfachen, angenehmen Rastplatz (rechts ab) vorbei bergan zum Berggasthof Oberstiegalpe.

Auf dem nächsten Abschnitt zur Hörmoosalpe müssen wir uns den Wanderweg mit Rindern teilen. Dieser führt über einen weiteren Rastplatz und zur Schneelochalpe. Kurz bevor rechts ein Weg direkt zur Hörmoosalpe abzweigt, nehmen wir (links) den Umweg um den als Hochmoor ausgeprägten Hörmoossee und die Mittlere Häderichalpe. Der Pfad leitet uns auf die Westseite des Sees zum Hubertushaus. Ab dort ist der Alpengasthof Hörmoos in fünf Minuten erreicht. Wer hier schon genug gewandert ist, kann die Tour bei der Alpe beenden und den Bus

Kurze Rast bei der Remmeleckalpe

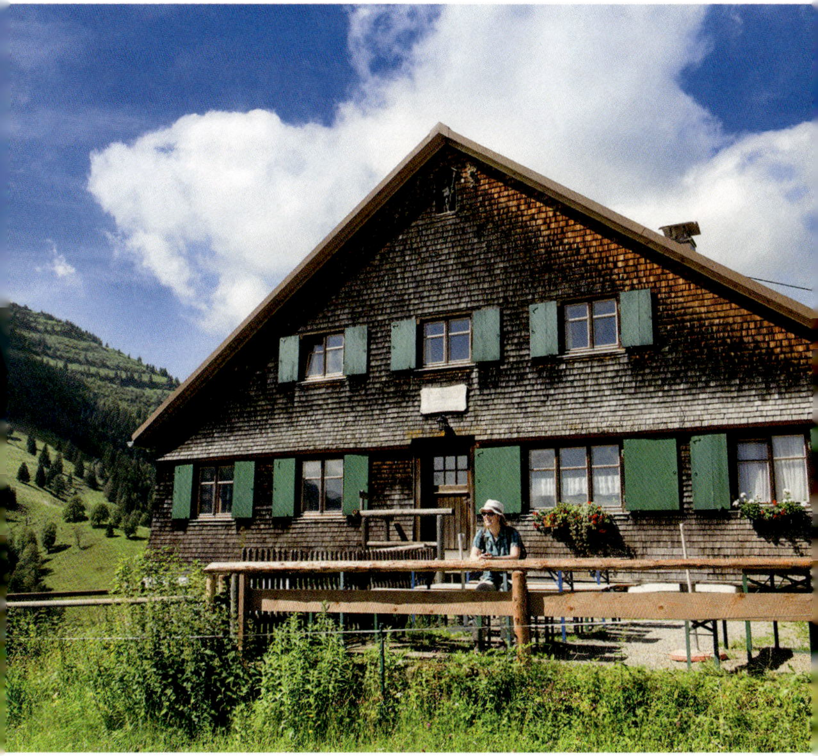

zur Bergstation nehmen. Damit bleibt reichlich Zeit, um sich an der herrlichen Berglandschaft nördlich des Hohen Häderich sattzusehen. Daneben lohnt sich auch ein Blick in den Kräutergarten der Alpe. Wer noch genug Zeit und Kraftreserven hat, biegt bei der Hörmoosalpe links ab, hält sich bei der nächsten Gabelung abermals links und nutzt den rot markierten Pfad zur Alpe Hochwies und ihrer

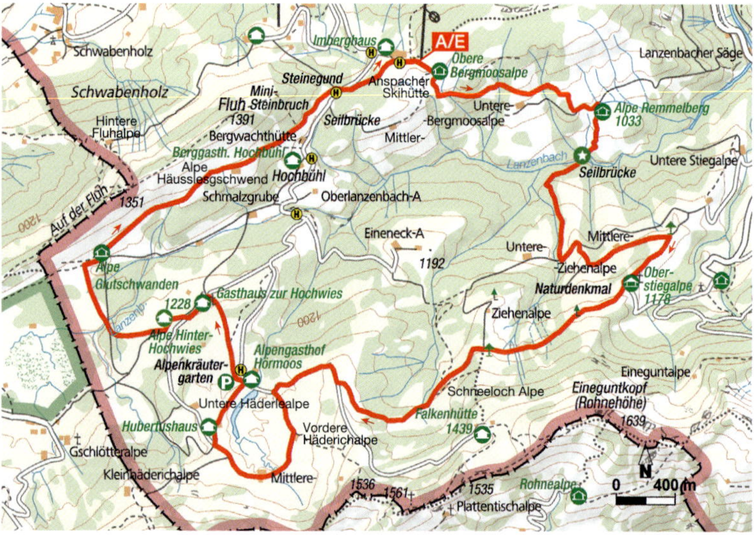

Kapelle. Wo der Pfad in den Wirtschaftsweg mündet, biegen wir ein weiteres Mal links ab, um wenige Schritte nach dem Gasthaus rechts abzuzweigen. Nachdem auch die Alpe Hinter-Hochwies hinter uns liegt, nimmt der Wirtschaftsweg geradeaus weiter Kurs auf die Talstation des Hohen Häderich. Um auf der »Alpenfreiheit« zu bleiben, biegen wir rechts zur Alpe Glutschwanden ab. Der Weg führt nach 400 Metern über den Lanzenbach auf die andere Talseite. Ab der Alpe Glutschwanden leitet uns schließlich die Beschilderung des Premiumwanderwegs über die Alpe Häusslers Gschwend und einen Miniatur-Steinbruch sowie den Steinegund zurück zum Ausgangspunkt.

Direkt am Ziel bietet das Imberghaus eine letzte Möglichkeit, den Tag bei einer gemütlichen Einkehr ausklingen zu lassen.

Spazierweg um den als Hochmoor ausgeprägten Hörmoossee

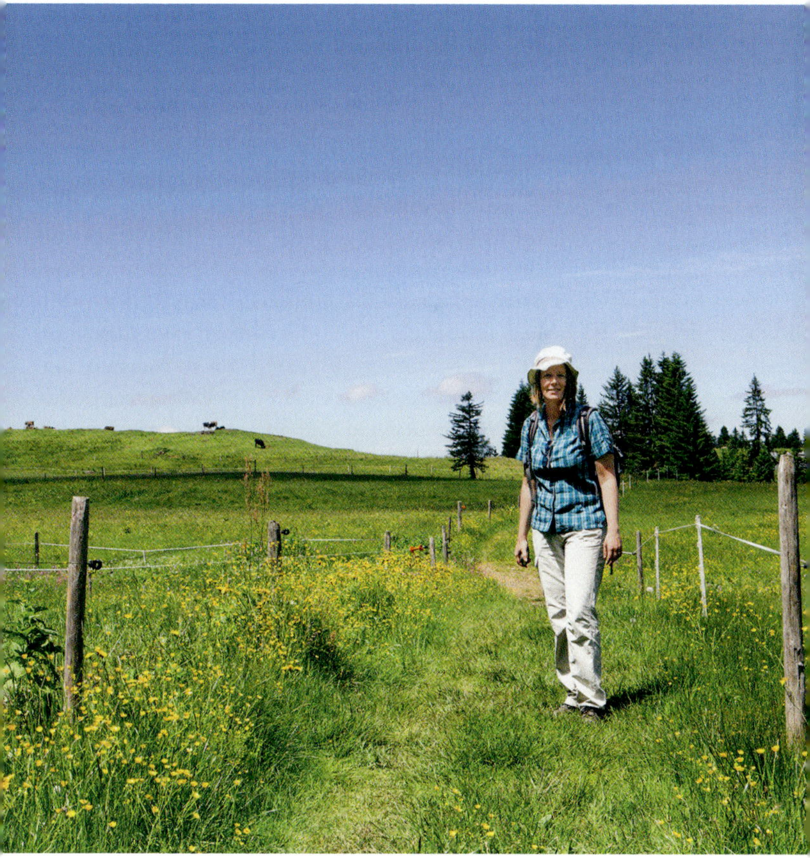

11 Wasserwanderweg Hittisau

Schlechtwetterrunde entlang der Bolgenach

Leicht | 7 km | 200 Hm | 2.30 Std.

Tourencharakter: Die Engenlochschlucht ist mit Treppen und Geländern gesichert, sonst verläuft die Tour überwiegend auf breiten Wegen und wenig befahrenen Zufahrten.

Ausgangs-/Endpunkt: Ortsmitte Hittisau (790 m)

Höchster Punkt: Gasthaus Alpenrose (835 m)

Anfahrt: Auto: Von der B 308 Lindau–Immenstadt bei Oberstaufen abfahren und über die St 2005 und, ab der Grenze, die L205 nach Hittisau fahren. GPS: 47.4578, 9.95964; Bus & Bahn: Ab Bahnhof Oberstaufen mit der Buslinie 29 nach Krumbach und weiter mit der Buslinie 25 zur Haltestelle »Hittisau-Gemeindehaus«. Ab Oberstdorf fährt die Buslinie 9746 nach Hittisau.

Einkehr: auf der Strecke keine, Gastronomie in Hittisau

Karte: Zumstein Wanderkarte 1:35 000, Oberstaufen/Westallgäu

Informationen: www.hittisau.at

Als Wanderer wünschen wir uns natürlich Sonnenschein. Ungeachtet dessen ziehen über den Allgäuer Alpen und dem Naturpark Nagelfluhkette nur allzu oft schwere Regenwolken auf. Der Wasserwanderweg Hittisau zählt zu den Touren, die selbst dann noch oft möglich sind.

Wir starten beim Brunnen in der Dorfmitte von Hittisau. Der Wasserwanderweg hat als Themenweg eine eigene Beschilderung. Dieser folgen wir im Uhrzeigersinn am »Ländlemarkt« vorbei an den Ortsrand. Bald schwenkt der Wanderweg zurück auf die Straße, der wir erst rechts und 250 Meter weiter dann links zum Schwimmbad folgen. Gleich danach ermöglicht die Kommabrücke erste Ausblicke auf die Bolgenach. Flussabwärts nutzen wir die nächste Brücke zurück auf die ursprüngliche Seite. Der Wasserwanderweg führt kurz vom Fluss weg, ehe er links zur Engenlochschlucht abzweigt. Nach einem Abschnitt auf der Straße nähern wir uns wieder der Bolgenach, kreuzen einen Kanal und passieren eine Hängebrücke. Es folgt der schönste Abschnitt dieser Runde. Beim »Wasserspiel« gilt es, mit einer Wasserspritze auf einen Eimer zu zielen, bis dieser umkippt. Nach dem Spaß kommen wir in die Engenlochschlucht. Zum Teil verläuft der Pfad unter den schräg in die Höhe ragenden Felsen, sodass wir uns leicht bücken müssen. Über Treppen gelangen wir wieder ins Freie und hinauf zur Straße. Rechts geht es direkt nach Hittisau. Der Themenweg biegt indes links Richtung Reute ab und nimmt – über die zweite Brücke –

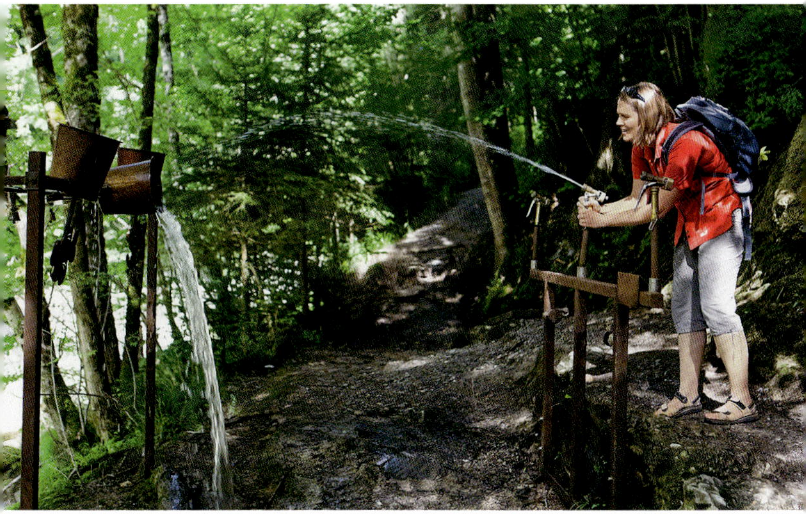

den Umweg über die alte Säge. Beim Gasthaus Alpenrose sowie wenige Schritte vor der Michaelskapelle biegen wir zwei weitere Male links ab. Über eine Wiese geht es hinunter zur Bolgenachbrücke. Zurück beim schon bekannten Abzweig können wir nun den Schildern nach Hittisau folgen.

Wenn der Eimer kippt, dann klingelt's.

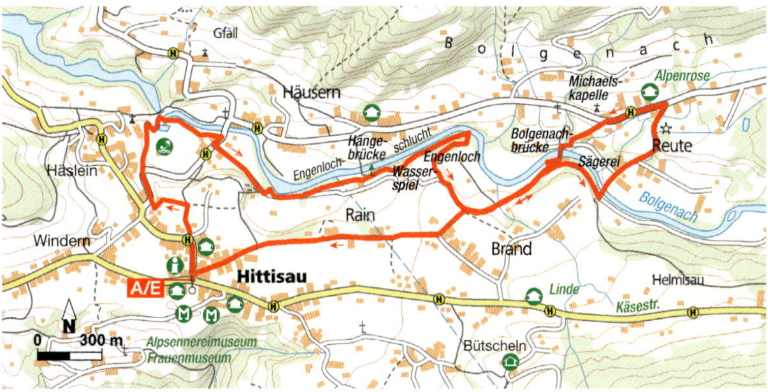

12 Leckner See

Auf der Südseite des Hochgrats

Mittel | 13,7 km | 500 Hm | 5 Std.

Tourencharakter: Technisch einfache Tour auf Schotterwegen und (Wiesen-)Pfaden, die durch ihre Ruhe und die Aussicht auf die Nagelfluhkette begeistert.

Ausgangs-/Endpunkt: Alpe Scheidwang (1317 m)

Höchster Punkt: Alpe Scheidwang (1317 m)

Anfahrt: Auto: Von der B 19 Kempten–Oberstdorf bei Bleichach Richtung Gunzesried abbiegen, weiter über die OA 27 bis Gunzesried-Säge und ab dort auf der privaten Mautstraße bis zum Wanderparkplatz am Ende des Autalwegs fahren. GPS: 47.4895, 10.1077; Bus & Bahn: –

Einkehr: Alpengasthof Höfle; Jausenstation Neuschwand; Helmingenalpe

Karte: AV-Karte 1:25 000, BY 1 Allgäuer Voralpen West

Informationen: www.alpsee-gruenten.de

Schon die Anfahrt zum Ausgangspunkt ist ein Erlebnis: Ab Gunzesried-Säge erfolgt diese auf dem Autalweg, von dem einige Wanderwege auf die Gipfel der Nagelfluhberge starten. Bei der Scheidwangalpe endet die Straße – vor uns liegt ein ruhiger, landschaftlich reizvoller Wandertag!

Zwischen Hochgrat und Sipplinger Kopf gelegen, bildete die Scheidwangalpe lange Zeit ein beliebtes Ausflugs- und Einkehrziel. Leider endete diese Ära im Frühjahr 2021, womit es nun keine Bewirtung mehr gibt. Solange es nicht zu einer Renaissance der Alpe kommt, nehmen wir sogleich den Weg rechts der Hütte zum Leckner See. Er bildet eine der wenigen Strecken in diesem Teil des Naturparks, die auch von unerfahrenen Wanderern gut machbar sind. Nach ca. 800 Metern zweigen wir rechts auf den schmaleren Wiesenpfad ab. Obacht: In regnerischen Perioden vernässt der nächste Abschnitt leicht. Sowie wir die Lachealpe vor uns sehen, wird der Weg jedoch schon wieder besser, sodass wir nun gemütlich am Schwarzlachsee vorbei ins Tal des Leckner Bachs gelangen. Wo ein zweiter Wirtschaftsweg von rechts in unseren Weg mündet, halten wir uns links und überqueren etwa einen Kilometer weiter die Grenze. Auf der Vorarlberger Seite des Naturparks mündet unser Weg schließlich in die Zufahrt zur Jausenstation Neuschwand. Hier beginnt der Abstecher über den Alpengasthof Höfle und seine liebevoll gepflegte Kapelle bis hinunter zum Leckner See. Anschließend kehren wir zum Abzweig unterhalb

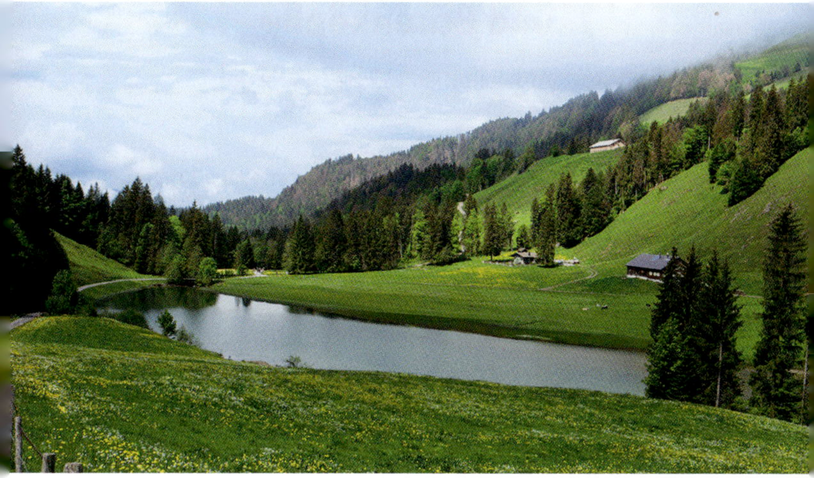

Blick über den Leckner See

der Jausenstation zurück. Für den Rückweg zur Scheidwangalpe empfehlen wir die Variante über die zeitweise bewirtete Helmingenalpe und die Sura-Alpe. Dieser Weg ist länger als der Weg über die Lachealpe, bietet uns dafür aber schöne Aussichten über saftig grüne Bergweiden sowie nach Norden hin auf die kargen Felswände des Hochgrats.

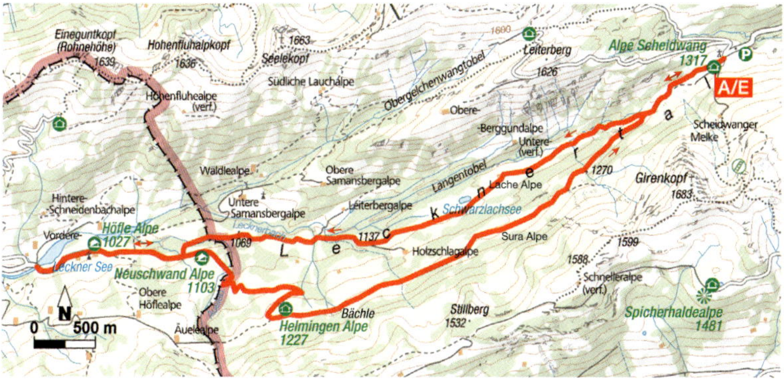

13 Halder Tobel und Bärenköpfle

Alpvielfalt im Gunzesrieder Tal

Mittel | 9,2 km | 650 Hm | 4 Std.

Tourencharakter: Technisch einfache Runde, deren langer Anstieg vom Halder Tobel bis hoch zur Gedenkstätte Bärenköpfle eine gute Kondition am Berg erfordert.

Ausgangs-/Endpunkt: Gunzesried (875 m)

Höchster Punkt: Gedenkstätte beim Bärenköpfle (1452 m)

Anfahrt: Auto: Von der B 19 Kempten–Oberstdorf bei Bleichach auf die OA 27 Richtung Gunzesried abbiegen; der Parkplatz befindet sich am Ortseingang von Gunzesried.
GPS: 47.5225, 10.2317;
Bus & Bahn: Ab Bahnhof Sonthofen fährt die Buslinie 9750 zur Haltestelle »Gasthaus Kreuz« in Gunzesried.

Einkehr: Alpe Oberberg; Vordere Krumbachalpe

Karte: AV-Karte 1:25 000, BY 1 Allgäuer Voralpen West

Informationen: www.alpsee-gruenten.de

Bei diesem Rundweg ist der Name Programm: Mit der »Alpvielfalt« sollen Wanderer möglichst viele unterschiedliche Eindrücke vom Naturpark Nagelfluhkette gewinnen. Am Wegesrand informieren 14 Themenstationen über die Besonderheiten. Obendrein locken zwei Alpen zur Einkehr.

Vom Parkplatz am Ortseingang laufen wir zum hölzernen Tor, dem Wanderportal von Gunzesried. Über den Wiesenpfad gelangen wir bald an die Gunzesrieder Ach und zum Halder Tobel. Dieser Abschnitt am Bach hat mit den kleinen Kaskaden, Wasserrutschen und Gumpen echten Schluchtcharakter. Die beste Sicht auf all dies ermöglicht die Metallbrücke, auf der wir den Halder Tobel überqueren. Beim Abzweig Halden biegen wir links Richtung Reute ab. Über einen Pfad geht es zunächst hinauf zu einem Wanderparkplatz, dann rechts ein kurzes Stück entlang der Straße. Beim Wegweiser »Reute« biegen wir links Richtung Mittag und Oberbergalpe ab und gewinnen auf dem technisch einfachen Wirtschaftsweg rasch an Höhe. Es ist der anspruchsvollste Abschnitt dieser Tour, der eine gewisse Kondition erfordert, auf dem wir ab der Alpe Käser aber auch immer wieder innehalten können, um den Blick über die herrliche Bergkulisse schweifen zu lassen. Weiter oben kommt die Alpe Oberberg wie gerufen für eine längere Pause, ehe wir den weiteren Aufstieg über Krokuswiesen bis zum Bärenköpfle und der Gedenkstätte der Braunbären in Angriff nehmen. Anschließend wandern wir noch rund 600 Meter

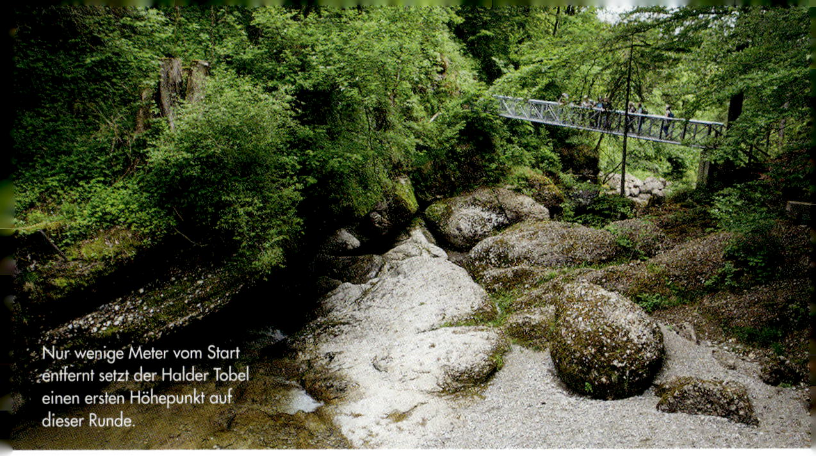

Nur wenige Meter vom Start entfernt setzt der Halder Tobel einen ersten Höhepunkt auf dieser Runde.

Richtung Stuiben, ehe wir mit dem Themenweg links auf den Weg zur Vorderen Krumbachalpe wechseln. Von dort führt uns der Rundweg schließlich durch artenreiche Wiesen sowie über die Dürrehornalpe und den Hasenacker hinunter nach Gunzesried, wo wir weitere Möglichkeiten finden, die Wanderung mit einer gemütlichen Einkehr abzurunden.

Bärenköpfle

1746 wurde auf der Kuppe südwestlich des Mittaggipfels einer der letzten Braunbären bei Immenstadt geschossen. Der Name Bärenköpfle erinnert daran, dass Braunbären einst im Oberallgäu heimisch waren.

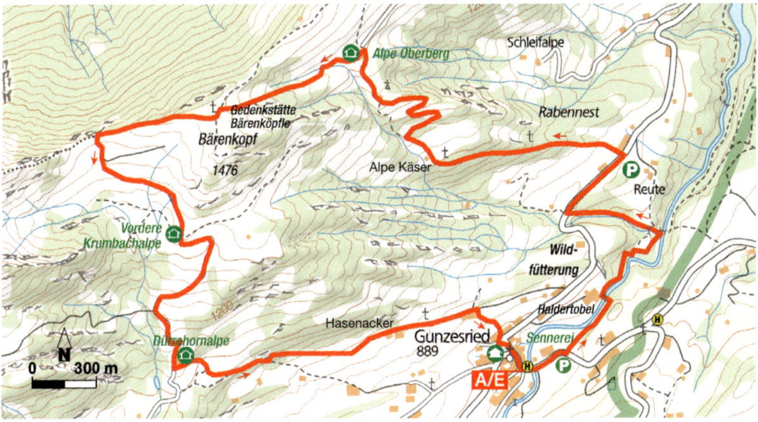

14 Hörner-Panoramatour

Vom Bolsterlanger Horn zum WeltcupExpress

Leicht	6,4 km	300 bzw. 530 Hm	2.30 Std.

Tourencharakter: Technisch einfache Bergwanderung mit tollen Aussichten über die Iller zu den Allgäuer Hochalpen; einige Rastmöglichkeiten

Ausgangspunkt: Bergstation Hörnerbahn (1510 m)

Endpunkt: Bergstation WeltcupExpress (1293 m)

Höchster Punkt: Rangiswanger Horn (1616 m)

Anfahrt: Auto: Von der B 19 bei Fischen auf die OA 9 abfahren und der Beschilderung wahlweise zur Hörnerbahn oder nach Ofterschwang folgen. GPS: 47.4632, 10.2278 (Hörnerbahn) bzw. 47.4975, 10.2336 (Bergbahn Ofterschwang);
Bus & Bahn: Ab Sonthofen und Oberstdorf gibt es Busverbindungen zu den Haltestellen »Ofterschwang-Ortsmitte« und »Hörnerbahn«.

Einkehr: Bergstation Hörnerbahn; Alpe Fahnengehren; Weltcuphütte

Karte: AV-Karte 1:25 000, BY 1 Allgäuer Voralpen West

Informationen: www.hoernerdoerfer.de

Die Hörnergruppe bildet den Bergrücken zwischen dem Oster- und dem Illertal. Obwohl wir uns noch ein gutes Stück unterhalb der alpinen Region bewegen, belohnt uns die Panoramatour mit einer ganzen Reihe herrlicher Aussichten.

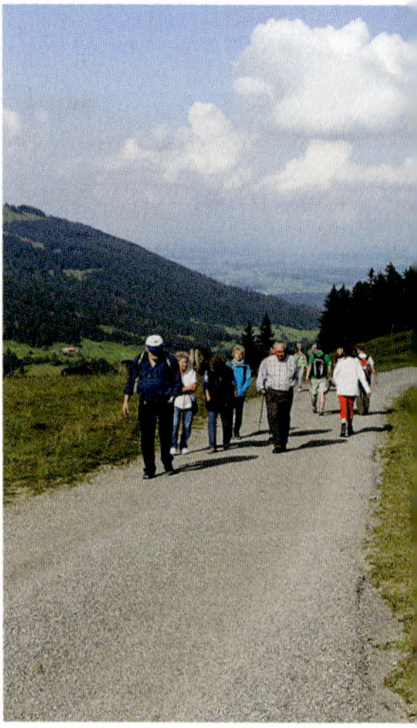

Da wir bei dieser Wanderung zwei Bergbahnen nutzen, ist eine gute Planung Gold wert. Wer am Zielpunkt in Ofterschwang parkt und zunächst per Bus zur Talstation der Hörnerbahn fährt, braucht sich schon keine Gedanken mehr um die spätere Rückfahrt zu machen. Mit dem Kombiticket für beide Bahnen schweben wir dann entspannt über die Mittelstation bis zur Bergstation der Hörnerbahn. Den Abstecher auf das nahe Bolsterlanger Horn können wir uns gerne gönnen. Anschließend wählen wir beim Abzweig auf der anderen Seite der Bergstation die beschilderte »Leichte Variante« und laufen ein Stück weit Richtung Mittelstation, um dann links zum Rangiswanger Horn abzuzweigen. Auf diese Weise sparen wir uns den Anstieg auf den Weiherkopf.

Sowie die leichte Variante auf den Hörner-Höhenweg trifft, folgen wir diesem nach rechts zum Rangiswanger Horn. Wer möchte, kann auch diesen leichten Gipfel über die Ostseite umgehen. Anschließend folgen wir dem Höhenweg um das Sigiswanger Horn zur Alpe Fahnengehren. Hier haben wir erneut die Wahl: Entweder nehmen wir geradeaus das Ofterschwanger Horn mit, oder wir wählen den leichteren Weg über die Ostseite. Beide Varianten bieten uns ein traumhaftes Panorama vom Grünten über die Tannheimer Berge und die Daumengruppe bis zur Trettachspitze im Süden. Danach trennt uns nur noch ein gemütlicher Spaziergang von der Bergstation WeltcupExpress, wo wir in der nahen Weltcuphütte nochmals Gelegenheit finden, auf eine gelungene Höhenwanderung anzustoßen.

Blick über die Weltcuphütte auf den Grünten

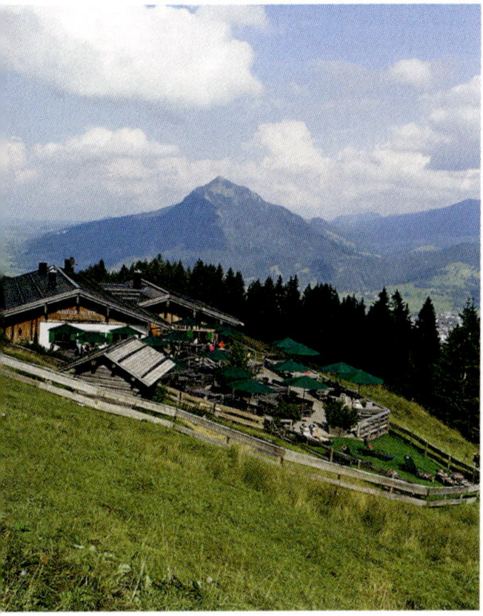

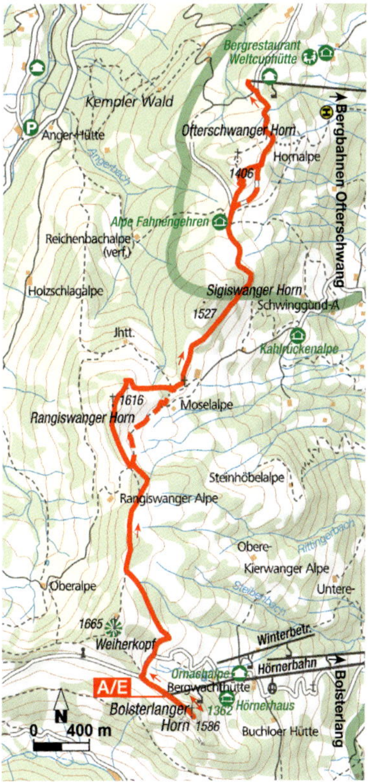

15 Scheuenwasserfall

Der große Unbekannte im Naturpark

● Schwer | 6,6 km | 350 Hm | 2.30 Std.

Tourencharakter: Die Pfade am Scheuenwasserfall erfordern ein gutes Maß an Trittsicherheit – es geht auch durch den Bach. Ansonsten eher leichte Runde mit schönen Aussichten

Ausgangs-/Endpunkt: Wanderparkplatz Am Anger (1090 m)

Höchster Punkt: Abzweig Scheuenpass (1251 m)

Anfahrt: Auto: Von der B 19 Kempten–Oberstdorf bei Fischen Richtung Riedbergpass auf die OA 9 abbiegen; der Wanderparkplatz befindet sich zwischen dem Abzweig nach Grasgehren und der Riedberger-Horn-Bahn. GPS: 47.44280, 10.13750; Bus & Bahn: Ab Oberstdorf und Hittisau fährt die Buslinie 9746 zur Haltestelle »Balderschwang-Am Anger« direkt beim Einstiegspunkt.

Einkehr: Scheuenalpe (Di Ruhetag)

Karte: AV-Karte 1:25 000, BY 1 Allgäuer Voralpen West

Informationen: www.hoernerdoerfer.de

Wo auch immer ein Bach in die Tiefe stürzt, geben sich Wanderer und Ausflügler gern die Klinke in die Hand. Beim Scheuenwasserfall verhält es sich anders: Obgleich er zu den höchsten im Naturpark zählt, geht es bei diesem wunderbaren Naturschauspiel ruhig zu.

Vom Ausgangspunkt direkt unterhalb der Riedbergstraße folgen wir zunächst dem Fahrweg über die Bolgenach und den Scheuenbach zur rustikalen Scheuenalpe. Sowie diese hinter uns liegt, halten wir uns bei der nächsten Gabelung rechts und nehmen den allmählich ansteigenden Wirtschaftsweg hinauf zum Waldrand. Dort wechseln wir links auf

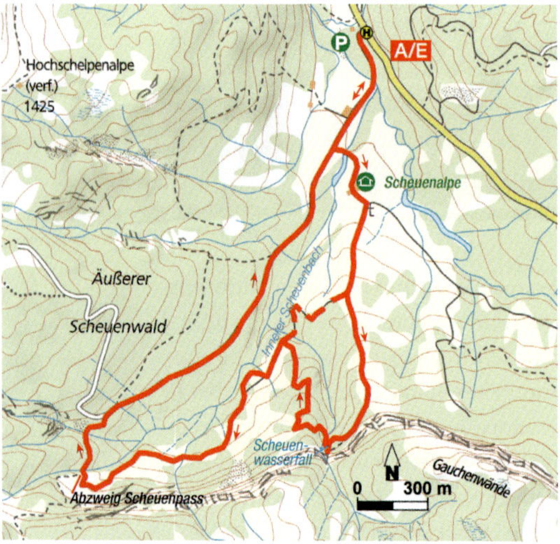

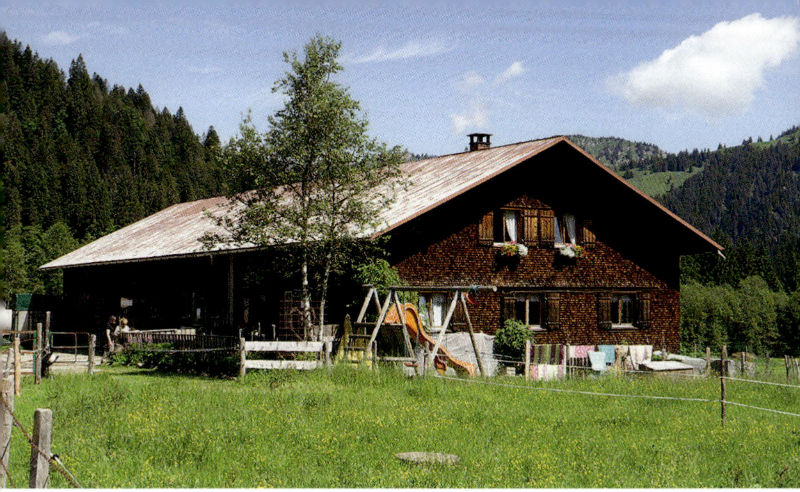

Nahe der Riedbergstraße verwöhnt die Scheuenalpe Wanderer mit einfachen Speisen.

einen leicht zu übersehenden Pfad, der uns erst wenige Schritte durch den Wald, dann entlang einer oft feuchten Bergwiese und schließlich wieder durch den Wald zu den Gauchen- und Scheuenwänden führt. Nach einem Abschnitt über felsigen und von Wurzeln überzogenen Untergrund öffnet sich die Sicht auf den Scheuenwasserfall. Über nur eine Fallstufe stürzt der Scheuenbach 70 Meter in die Tiefe und bildet mehrere zauberhafte Schleier. Auch wenn es an Bänken mangelt, ist dies der perfekte Ort für eine Pause. Zugleich müssen wir uns entscheiden, wie es nun weitergeht. Wer den Aufstieg anspruchsvoll fand, kehrt hier besser direkt zur Scheuenalpe um. Wer denkt: »Da geht noch mehr!«, dem empfehlen wir den Rundweg. Dieser führt weiter unten durch das felsige Bachbett und im Anschluss durch den Wald. Am Ende des Pfads ginge es rechts ebenfalls zur Scheuenalpe – da wir aber schon einmal hier sind, können wir auch genauso gut links Richtung Piesenkopf abbiegen. Beim Abzweig zum Scheuenpass wechseln wir in diesem Fall rechts auf den Pfad zur Riedbergstraße. Diese Variante führt über den Stubengraben und weiter über die Forststraße zurück zur Passstraße.

16 Riedberger Horn

Aufstieg ab Grasgehren

Mittel · 7,8 km · 490 Hm · 3–4 Std.

Tourencharakter: Beim Aufstieg zum Riedberger Horn laden einige Bänke mit Blick auf den Besler zum Verschnaufen ein. Insgesamt aussichtsreiche Bergwanderung auf Pfaden und Schotterwegen

Ausgangs-/Endpunkt: Grasgehrenalpe (1442 m)

Höchster Punkt: Riedberger Horn (1792 m)

Anfahrt: Auto: Von der B 19 Kempten–Oberstdorf bei Fischen Richtung Riedbergpass auf die OA 9 abbiegen und auf der Passhöhe zu den Grasgehrenliften fahren. GPS: 47.44280, 10.17620; Bus & Bahn: Ab Oberstdorf und Hittisau fährt die Buslinie 9746 zur Haltestelle »Grasgehren«.

Einkehr: Grasgehrenalpe; Obere Mittelalpe; Alpe Hörnle

Karte: AV-Karte 1:25 000, BY 1 Allgäuer Voralpen West

Informationen: www.hoernerdoerfer.de

Das Riedberger Horn wird auch als »König der Hörnergruppe« bezeichnet – mit 1787 Meter Höhe überragt es alle anderen Hörner. Schon beim Aufstieg genießen wir herrliche Ausblicke zum Gipfel sowie über den Besler hinweg zu den weiter südlich gelegenen Gebirgsketten.

Unterhalb des Riedberger Horns befindet sich ein beliebtes Wintersportgebiet – damit sind viele Parkplätze vorhanden, und auch die An- und Abreise mit dem Bus ist gesichert. Nachdem wir uns einen ersten Überblick verschafft haben, gehen wir links an der Berghütte vorbei. Für

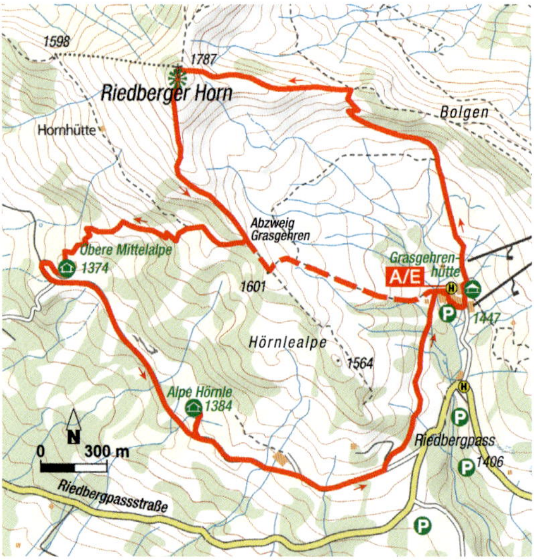

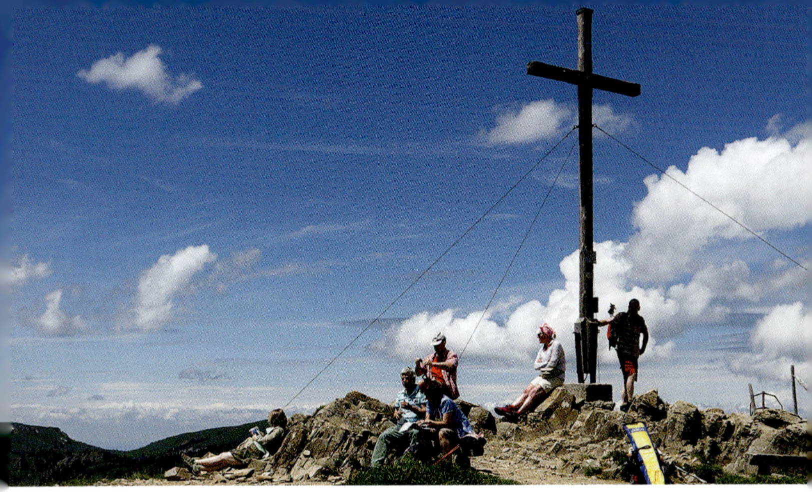

Auf dem Gipfel des Riedberger Horns

den Aufstieg zum Riedberger Horn wird vor Ort eine Stunde angegeben – je nachdem, wie oft wir auf dem Bergweg anhalten und das Bergpanorama auf uns wirken lassen, dürfen wir für den Aufstieg aber gern auch etwas mehr Zeit einplanen. Tatsächlich lohnt es sich, den Blick alle paar Höhenmeter über den grasbewachsenen Kessel gen Süden schweifen zu lassen. Nachdem die Sicht erst vom Besler (s. Tour 17) begrenzt wird, tauchen weiter oben nach und nach die schneebedeckten Gipfel der Hochalpen auf. Sowie wir den nach Osten ausgerichteten Grat erreicht haben, erfolgt der weitere Aufstieg links über einen teils ausgespülten Bergpfad. Eine wunderbare Sicht von fast 360 Grad versüßt uns die Anstrengung, bis wir schließlich das Gipfelkreuz erreicht haben – den perfekten Ort für eine ausgiebige Rast. Für den Abstieg nutzen wir anschließend den direkt nach Süden führenden Pfad zur Oberen Mittelalpe. Wer mag, kann auf halbem Weg dorthin zur Grasgehrenalpe abkürzen. Mehr Abwechslung bietet die Runde jedoch, wenn wir den Umweg über die Obere Mittelalpe mitnehmen. Für den letzten Abschnitt können wir den Fahrweg zur Hörnlealpe und weiter bis Grasgehren nutzen.

17 Besler-Runde

Der Mittendrin-Aussichtsberg

Schwer 8,2 km 675 Hm 4–4.30 Std.

Tourencharakter: Die Besler-Runde gilt als alpine Wanderung, die sich auch für weniger erfahrene Wanderer eignet. Wer den Gipfel auslässt, spart sich 120 Hm und 1 Std. Vorsicht bei Nässe!

Ausgangs-/Endpunkt: Riedbergstraße (1204 m)

Höchster Punkt: Besler (1679 m)

Anfahrt: Auto: Von der B 19 Kempten–Oberstdorf bei Fischen Richtung Riedbergpass auf die OA 9 abbiegen; Parken bei der Haltestelle »Wannenkopfhütte«. GPS: 47.44280, 10.17620; Bus & Bahn: Ab Oberstdorf und Hittisau fährt die Buslinie 9746 zur Haltestelle »Wannenkopfhütte«.

Einkehr: Alpe Herzberg; zeitweise Alpe Schönberg

Karte: AV-Karte 1:25 000, BY 1 Allgäuer Voralpen West

Informationen: www.hoernerdoerfer.de

Die Besler-Runde ist als Premiumwanderweg ausgezeichnet, der sich bestens als alpine Einstiegswanderung eignet. Eine zumindest mittlere Kondition und gute Ausrüstung vorausgesetzt, erleben wir hier eine Wanderung, von der wir noch lange schwärmen werden.

Der Ausgangspunkt an der Riedbergstraße ist durch die Wannenkopfhütte bekannt. Für die Besler-Runde wählen wir die entgegengesetzte Richtung und nutzen den Pfad zur Herzbergalpe. Nahe der Alpe wird der Premiumwanderweg in beide Richtungen angezeigt – wir biegen hier links ab, sodass wir die Tour im Uhrzeigersinn wandern. Bei der Verzweigung am Waldrand halten wir uns rechts und nehmen den Aufstieg zu den Jagdhütten in Angriff. Beim Wegweiser »Jagdhütte« wechseln wir rechts auf den Königsweg. Auf diesem geht es weiter bergauf durch den Wald und an einer Geländeverwerfung vorbei auf die Anhöhe zwischen dem Gaißwiedenkopf (links) und dem Besler (rechts). Sowie wir oben aus dem Wald treten, wird die Anstrengung mit einer weiten Aussicht über Oberstdorf bis zu den Allgäuer Hochalpen belohnt. Mit diesem Panorama zu unserer Linken folgen wir dem Pfad über die Obere Gundalpe zum Wegweiser direkt unterhalb des Beslers. Wer auf den Klettersteig wechselt, hat den Gipfel in wenigen Minuten erreicht, verlässt damit aber das Thema dieses Buchs. Also nutzen wir den Bergweg, der uns über die Nordseite zum Abzweig Besler führt. Von dort geht es auf die Südseite des Bergs und schließlich hoch zum Gipfel. Oben angekommen, liegen uns nun auch das Lochbachtal und das Kleinwalsertal zu Füßen. Nach dem Blick ins Gipfelbuch wandern wir auf der Besler-Runde über die Schönbergalpe und durch das Tal der Schönberger Ach zurück zum Ausgangspunkt, wo wir stolz auf eine Tour voll neuer Eindrücke zurückblicken können.

Kalkinsel Besler

Auch wenn der Besler Teil des Naturparks Nagelfluhkette ist, besteht der Berg doch aus Kalkgestein. Achtung: Bei Nässe werden die Felsen leicht glitschig.

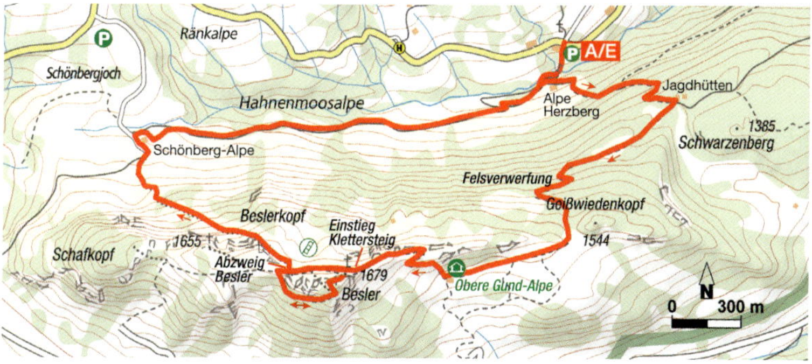

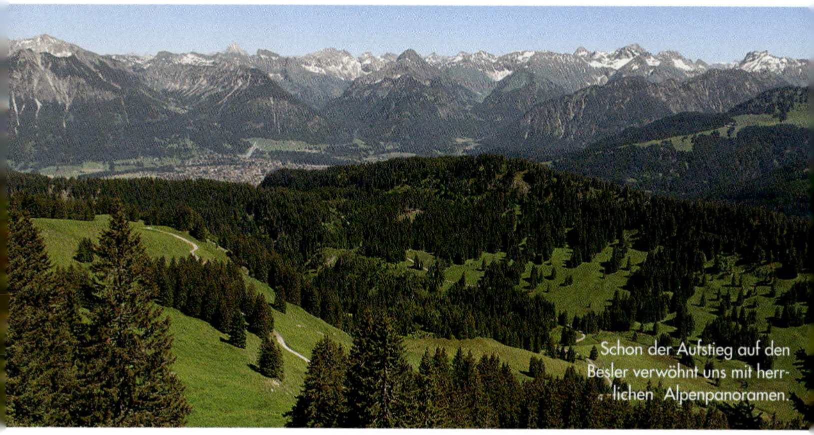

Schon der Aufstieg auf den Besler verwöhnt uns mit herrlichen Alpenpanoramen.

18 3-Gemeinden-Tour

Lockere Runde unterhalb der Hörner

Leicht · 7,5 km · 180 Hm · 2–2.30 Std.

Tourencharakter: Sehr einfache Runde, die schon früh im Jahr und auch an verregneten Tagen noch gut machbar ist.

Ausgangs-/Endpunkt: Bolsterlang (870 m)

Höchster Punkt: Ortsmitte von Bolsterlang (875 m)

Anfahrt: Auto: Von der B 19 bei Fischen rechts auf die OA 9 abbiegen, beim Gewerbegebiet Aumühle rechts nach Bolsterlang und beim Minigolfplatz parken. GPS: 47.4619, 10.2364; Bus & Bahn: Ab Oberstdorf, Fischen und Sonthofen fahren die Buslinien 9744 und 9747 zur Haltestelle »Bolsterlang-Ortsmitte«.

Einkehr: Golfrestaurant Seehaus (ab 12 Uhr während der Golfsaison); in Bolsterlang

Karte: AV-Karte 1:25 000, BY 1 Allgäuer Voralpen West

Informationen: www.hoernerdoerfer.de

Die 3-Gemeinden-Tour führt von Bolsterlang nach Fischen und über Obermaiselstein wieder zurück ins Bergdorf. Sie ist auch dann möglich, wenn die höheren Lagen schneebedeckt sind oder tiefhängende Wolken die Berggipfel verdecken.

Los geht es beim Parkplatz zwischen der Flurstraße und dem Minigolfplatz am nördlichen Ortsrand von Bolsterlang. Auf den ersten Metern folgen wir der Beschilderung nach Obermühlegg. Der befahrbare Weg führt direkt am Bogenübungsplatz vorbei, ehe er zwei weite Kurven bis zu einem Gehölzstreifen beschreibt. Dort wechseln wir links auf den rot markierten Pfad. 10 Minuten später sollten wir Obermühlegg erreicht haben. Wer mag, kann auf dem nächsten Wegstück zweimal nach Fischen abkürzen. Schöner finden wir jedoch die Variante über den Golfplatz mit dem hübsch in die Landschaft integrierten Restaurant Seehaus. Wo wir unterhalb vom Golfrestaurant auf die Weiler Ach treffen, biegen wir rechts ab und nehmen nun endlich Kurs auf Fischen. Der einfache Weg führt

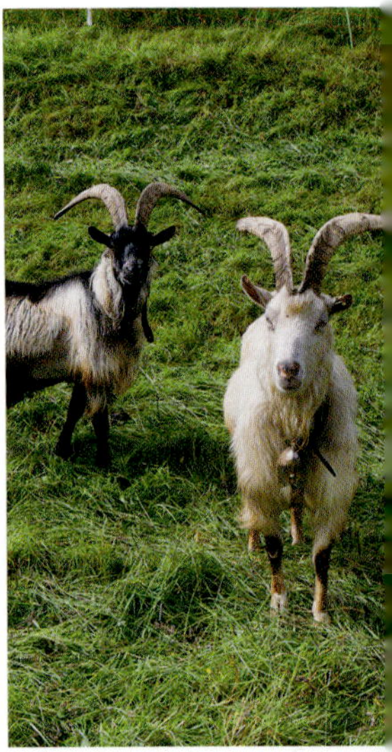

mit schöner Sicht auf das Rubihorn und die Daumengruppe durch saftig grüne Wiesen. Im Ortsteil Berg biegen wir rechts auf den Imbergweg ab, der im weiteren Verlauf in den Wannenkopfweg übergeht und schließlich in die Beslerstraße mündet. Ca. 170 Meter weiter rechts queren wir die viel befahrene Straße und folgen dem »Grünen Weg 15« in den Wald. Wo sich der Weg im Wald gabelt, halten wir uns links, sodass wir den Aussichtspunkt Richtung Grünten mitnehmen. Anschließend geht es wieder bergab durch den Wald zur OA9. Sowie wir diese umsichtig überquert haben, können wir einfach der Beschilderung über die Weiler Ach und an der Aumühle vorbei zurück nach Bolsterlang folgen.

Schlechtwettervariante

Wenn die Wege hoch zum Aussichtspunkt Richtung Grünten aufgeweicht sind, kann man auch den Rad- und Spazierweg entlang der Beslerstraße/OA9 bis Maiselstein nutzen.

Linke Seite: Sie lassen sich gerne streicheln – und danken mit einem bleibenden Eindruck …

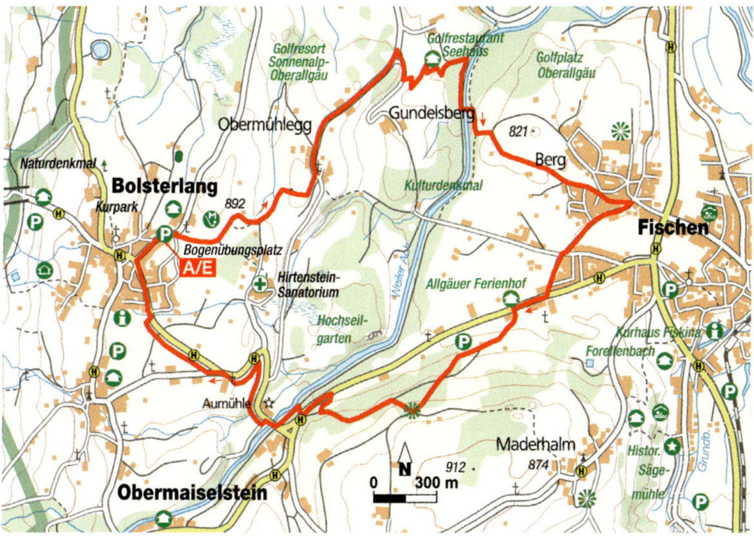

Idyllische Ruhe unterhalb von Schloss Hohenschwangau

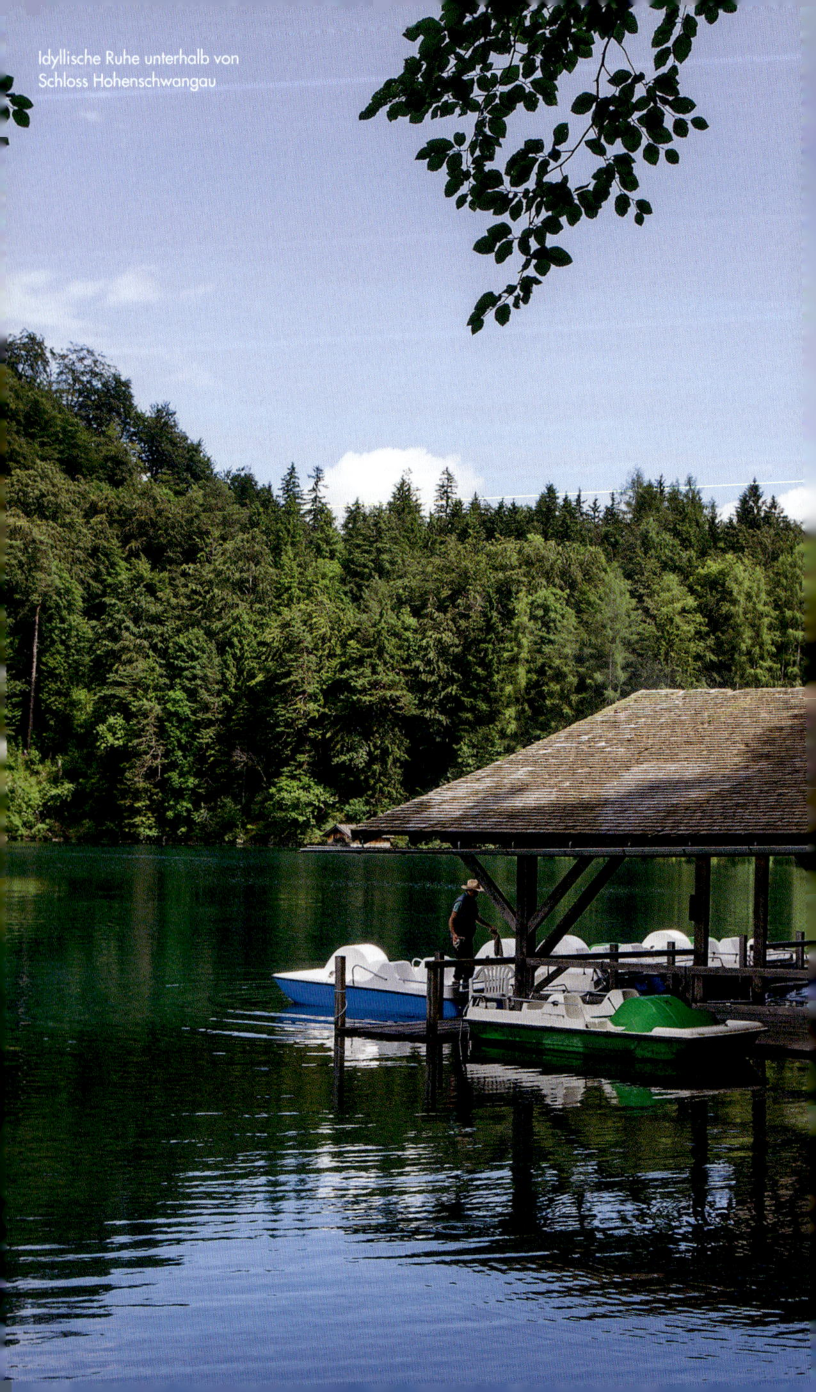

Zwischen Kempten und Füssen

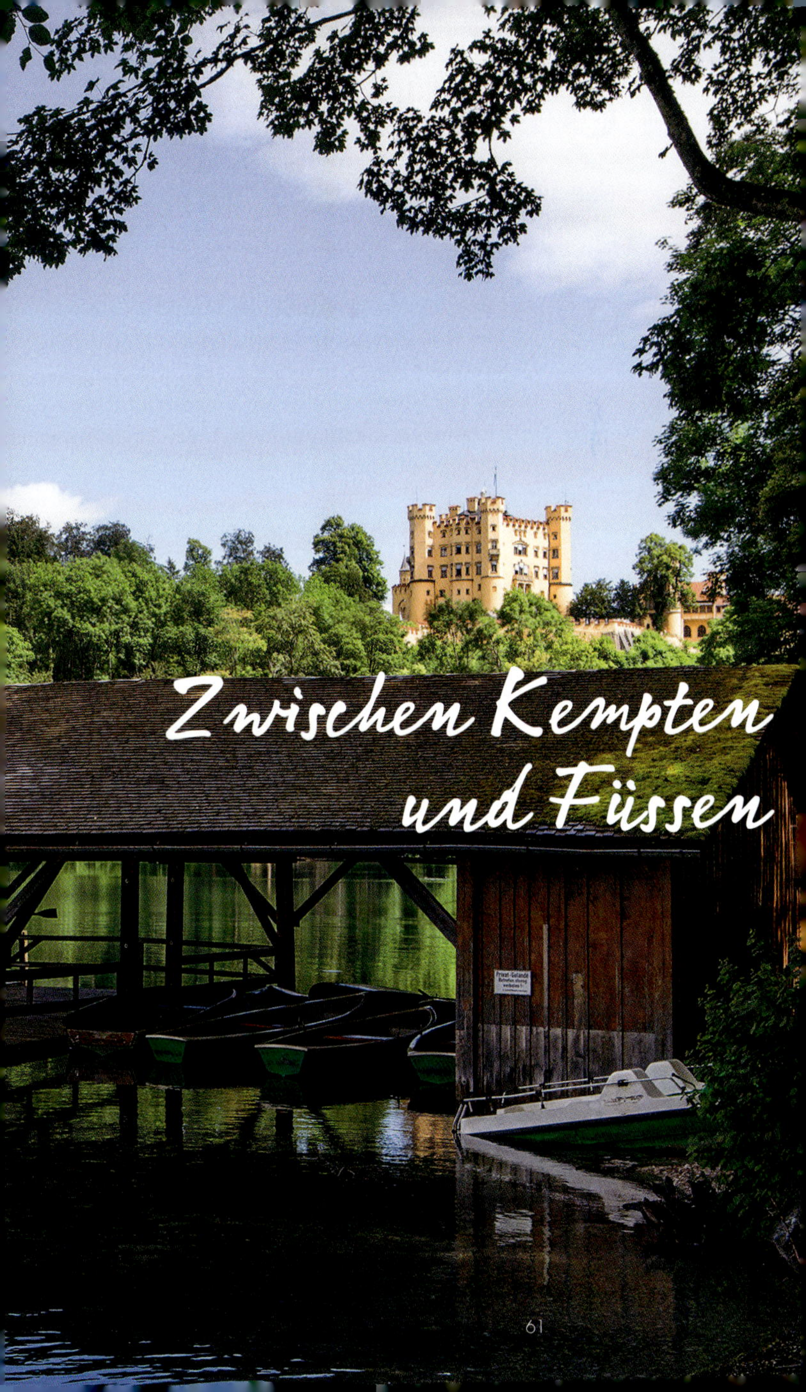

19 Heinrichweg I

Historischer Erlebniswanderweg in Sulzberg – Teil 1

Leicht | 10 km | 300 Hm | 3–3.30 Std.

Tourencharakter: Einfache Runde auf überwiegend breiten Schotterwegen und wenig befahrenen Straßen mit wechselnden Ausblicken

Ausgangs-/Endpunkt: Rathaus in Sulzberg (707 m)

Höchster Punkt: Nahe der Grenzmarke 47 (983 m)

Anfahrt: Auto: Von der A7 beim Dreieck Allgäu auf die A980 abfahren, bei Ausfahrt 2/Durach die Autobahn verlassen und der OA6 nach Sulzberg folgen; dort bei der Kirche parken. GPS: 47.6604, 10.3503; Bus & Bahn: Ab Kempten mit der Buslinie 30 zur Haltestelle »Gasthof Rössle« in Sulzberg

Einkehr: Unterwegs keine; schöne Rastmöglichkeiten

Karte: Zumstein Wanderkarte 1:35 000, Immenstadt

Informationen: www.sulzberg.de

Auf dem historischen Erlebniswanderweg erwartet uns eine gelungene Mischung aus Geschichte, Denkmälern und Ausblicken auf die Allgäuer Berge. Für Kinder gibt es am Wegesrand mehrere Spielstationen. Damit eignet sich der Themenweg für die ganze Familie.

Der Erlebniswanderweg ist mit »H1« beschildert. Für den Einstieg laufen wir links der Pfarrkirche in die Jodbadstraße. Vorbei am Flurbereinigungskreuz und dem Pestfriedhof führt uns der erste Abschnitt nach Aleuthe. Sehenswert ist hier die Fassade der Aleuthemühle. Weiter geht es am ehemaligen Burgstall von Obermindendorf zum Waldrast- und Spielplatz Lokomotive. Wo der Waldweg in eine Straße mündet, biegen wir rechts und dann beim Römerhaus links zur Jodbad-Heilquelle von Sulzbrunn ab. 500 Meter nach der Heilquelle biegen wir rechts ab und folgen der Beschilderung über den Birkenhof zum Abzweig Steinernes Kreuz. Wer den Abstecher mitnehmen möchte, wandert 2,3 Kilometer extra. Ansonsten biegen wir gleich rechts ab und laufen 400 Meter entlang der OA11, um dann rechts zum Aussichtspunkt Korreite und Auf'm Buch abzuzweigen. Wo die Ortsstraße nach Süden bzw. Hinter'm Buch schwenkt, wechseln wir rechts auf den Pfad, der uns zum Waldrand bringt. Bei der Grenzmarke 47 überwinden wir den höchsten Punkt von Sulzberg. Von dort führt der Pfad zunächst weiter durch den Wald, dann in südlicher Richtung zu einem überdachten Podest. Nachdem wir auch hier die Aussicht über den Rottachsee zu den Alpen genossen haben, biegen wir rechts ab. Am Ende des Wiesenpfads geht es erneut rechts nach Wachsenegg und über einen weiteren Wiesenpfad zur Kapelle. Beim abschließenden Abstieg nach Sulzberg passieren wir den Ritterspielplatz, wo sich die Kleinen zum Ende der Tour nochmals austoben können.

Kunstvoll verzierte Fassade der Aleuthemühle

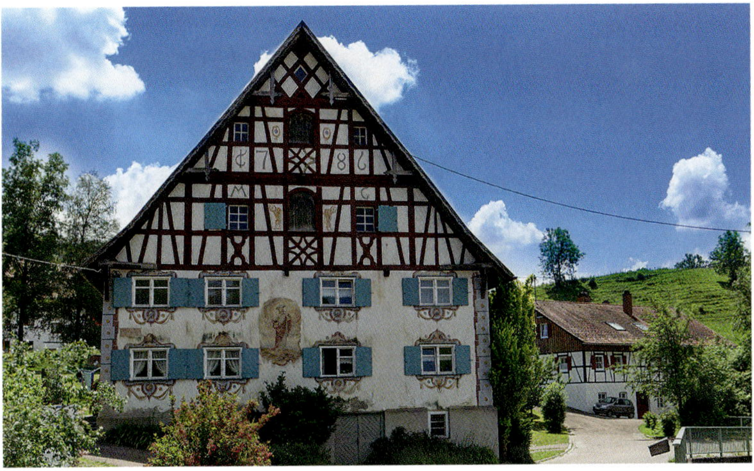

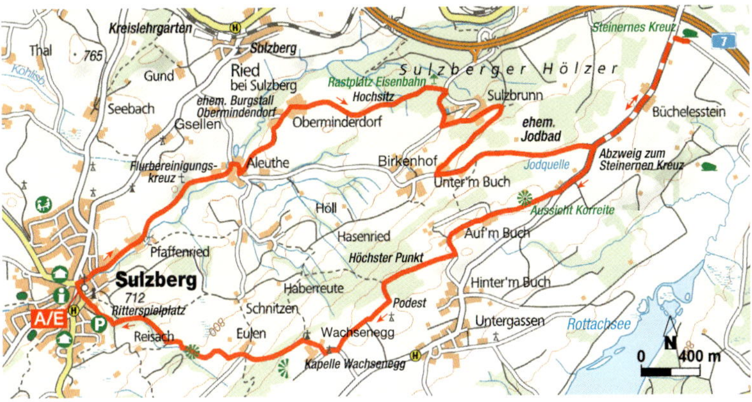

20 Heinrichweg II

Historischer Erlebniswanderweg in Sulzberg – Teil 2

Mittel	12,7 km	430 Hm	4–4.30 Std.

Tourencharakter: Abwechslungsreiche Runde mit allerlei Historischem am Wegesrand, teils mit Abstechern und einigen schönen Aussichten

Ausgangs-/Endpunkt: Rathaus in Sulzberg (707 m)

Höchster Punkt: Am Wegabschnitt nach Wachsenegg (bis 950 m)

Anfahrt: Auto: Von der A7 beim Dreieck Allgäu auf die A980 abfahren, bei Ausfahrt 2/Durach die Autobahn verlassen und der OA6 nach Sulzberg folgen; dort bei der Kirche parken. GPS: 47.6604, 10.3503; Bus & Bahn: Ab Kempten mit der Buslinie 30 zur Haltestelle »Gasthof Rössle« in Sulzberg

Einkehr: Unterwegs keine; schöne Rastmöglichkeiten

Karte: Zumstein Wanderkarte 1:35 000, Immenstadt

Informationen: www.sulzberg.de

Beim zweiten Teil des Heinrichwegs stehen die Burgen und ehemaligen Verteidigungsanlagen im Mittelpunkt. Die Runde ist etwas anspruchsvoller, nutzt dafür aber überwiegend Wege und Pfade abseits der Straßen. Dazu gibt es auch hier schöne Aussichtspunkte zu genießen.

Wir starten beim Rathaus in Sulzberg, orientieren uns diesmal jedoch an der Markierung »H2« Richtung Wachsenegg. Der erste Abschnitt entspricht dem Abstieg der Runde »H1«, nur in umgekehrter Richtung. Am Kriegerdenkmal und am Kindergarten vorbei gelangen wir an den Reisachtobel, wo wir uns beim Ritterspielplatz links halten und über Eulen nach Wachsenegg hinaufsteigen. Unterhalb des Weilers bietet die Kapelle eine erste schöne Möglichkeit zur Rast. Anschließend biegen wir in Wachsenegg rechts ab. Gut 250 Meter weiter zweigt ein Pfad zum Burgstall Wachsenegg ab. Die Burg wurde im Bauernkrieg zerstört, die Steine zum Bau der Kapelle Wachsenegg verwendet – viel ist hier also nicht mehr zu sehen. Anschließend folgen wir dem Wanderweg in einem Bogen an den Waldrand zur Mittelmarke 42 und weiter Richtung Oberthannen durch den Wald. Sowie wir diesen durchquert haben, öffnet sich die Sicht auf den Sulzberger See. Wo der Weg auf eine Straße trifft, zweigt der Themenweg scharf links ab. Gleich danach führt rechts ein Abstecher zur Schwedenschanze. Wir können aber auch direkt nach Kohlenberg laufen und beim Wegweiser »Winkel« nach Albis abbiegen. Dort bie-

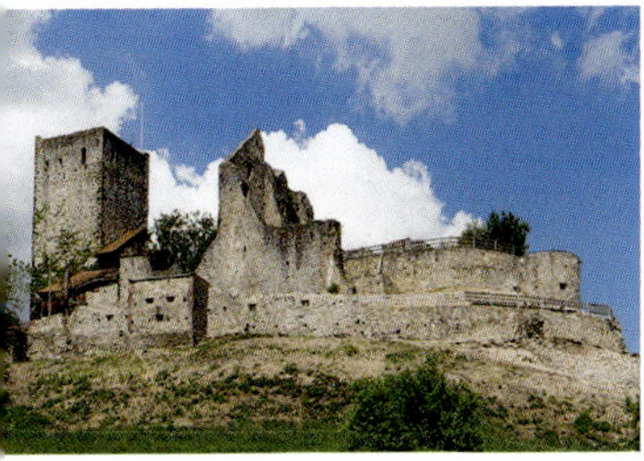

Die Burg Sulzberg thront auch heute noch erhaben auf einer Bergkuppe.

Burg Sulzberg

Die Burgruine Sulzberg ist von Mai–Okt. an Sonn- und Feiertagen jeweils von 13:30–16:30 Uhr geöffnet. Führungen sind nach Vereinbarung möglich (Tel. 08376/920 10).

gen wir erneut rechts, dann links ab, sodass wir in ein Waldstück kommen. Wenige Schritte abseits vom Weg befinden sich die Überreste einer keltischen Fliehburg. Zurück auf dem Wanderweg, folgen wir diesem nach Kenels über die OA3 und wandern im weiteren Verlauf rechts zur Ruine Sulzberg. Vom Abzweig unterhalb der Burg sind es noch 1,5 Kilometer bis nach Sulzberg.

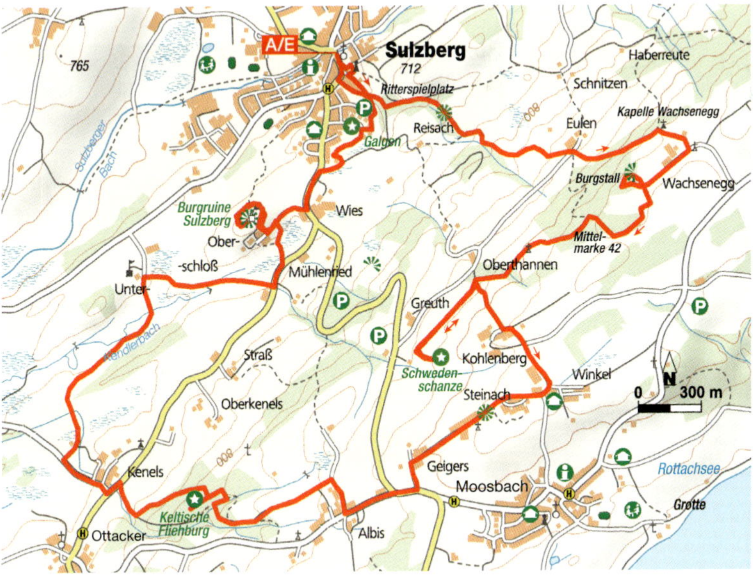

21 Wertachtal

Doppelte Runde ab Nesselwang

Mittel | 8,1 km | 220 Hm | 3 Std.

Tourencharakter: Abwechslungsreiche Runde zu mehreren historischen Stellen nördlich von Nesselwang. Schöne Aussicht von der Schnakenhöhe

Ausgangs-/Endpunkt: Parkplatz Grundschule/Alpspitzhalle (860 m)

Höchster Punkt: Schnakenhöhe (945 m)

Anfahrt: Auto: Von der A7 bei Ausfahrt 137 oder 138 abfahren und der Beschilderung ins Zentrum von Nesselwang folgen; bei der Alpspitzhalle in der Von-Lingg-Straße parken. GPS: 47.6240, 10.5015; Bus & Bahn: Ab Kempten und Reutte gibt es Zugverbindungen nach Nesselwang. Der Zugang zum Wanderweg erfolgt durch die Bahnhofstraße.

Einkehr: Almcafé Schnakenhöhe (Mo Ruhetag); in Nesselwang

Karte: AV-Karte 1:25 000, BY 3 Allgäuer Voralpen Ost

Informationen: www.nesselwang.de

Diese leichte Wanderung führt uns von Nesselwang ins Wertachtal und bis zur Erlebnisbrücke Wertachschlucht. Von dort geht es an einem ehemaligen Bergwerk vorbei zur Wallfahrtskirche Maria Rain und weiter auf die aussichtsreiche Schnakenhöhe.

Vom Ausgangspunkt bei der Schule folgen wir der Von-Lingg-Straße über die Gleise zur Minigolfanlage und gehen dann nach links auf dem Badeseeweg am Alpspitz-Bade-Center vorbei. Auf diesem ersten Abschnitt befinden wir uns auf dem Brauereiwanderweg. Sowie wir den Sportplatz und die Quellfassung der Marktgemeinde passiert haben, geht es

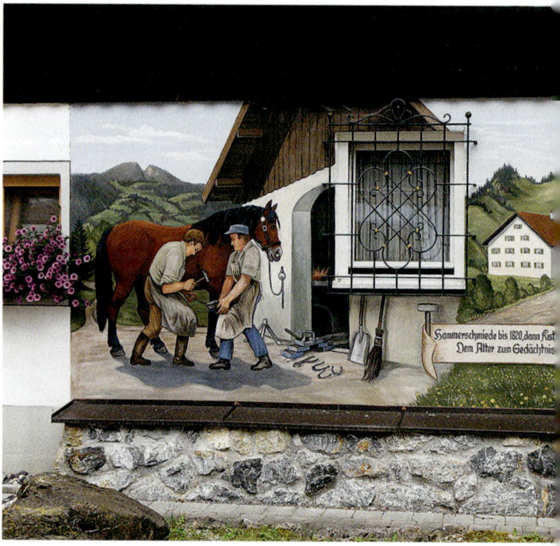

durch blütenreiche Wiesen und (rechts ab) zur ehemaligen Hammerschmiede. Ab dort bleiben wir zunächst auf dem Brauereiwanderweg, halten uns mit ihm bei der nächsten Gabelung rechts und folgen der Wertach Richtung Bachtel bis zur Erlebnisbrücke. Jenseits der Brücke trennt uns links nur noch ein kräftiger Steinwurf vom ehemaligen Kohlestollen der Bärenbrauerei. Oberhalb können wir am Abzweig nahe der Autobahnbrücke wählen: Für die kürzere Variante nach Maria Rain halten wir uns rechts, für die schönere nehmen wir den als »Höhenweg« bezeichneten Pfad. Er eröffnet uns einen ungewohnten Einblick in die Brückenkonstruktion, ehe wir in Maria Rain die Wallfahrtskirche erreichen. Anschließend folgen wir der Beschilderung bergan zum Almcafé Schnakenhöhe. Für den Rückweg nutzen wir ab der Anhöhe links den Feldweg, der an einem Gehölz vorbei nach Rainen führt. Ab dort können wir uns wieder an den Wegweisern Richtung Nesselwang orientieren. Der Weg führt erneut hinunter an die Wertach und ein Stück flussabwärts über die Holzbrücke. Zurück bei der Hammerschmiede laufen wir dieses Mal geradeaus weiter und nehmen den direkten Weg zurück zum Ausgangspunkt.

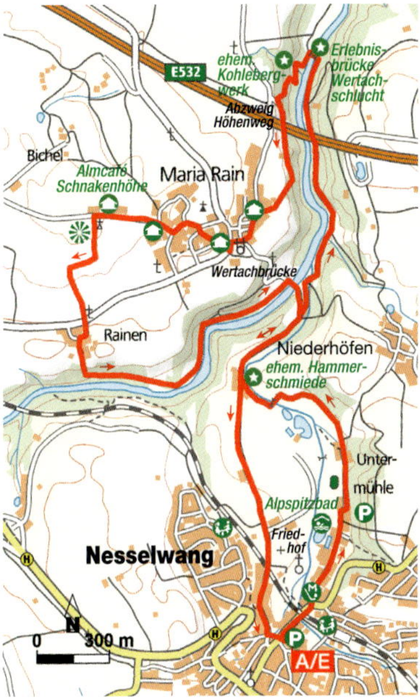

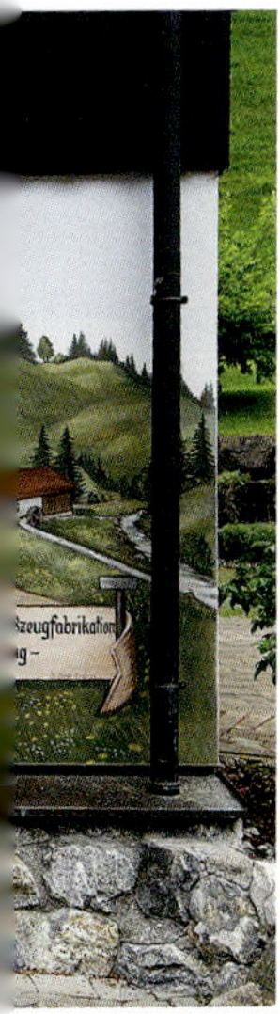

Mit ihrer Fassadenmalerei erinnert die Hammerschmiede an das früher an der Wertach ausgeübte Handwerk.

22 Edelsberg

Höhenwanderung ab der Alpspitzbahn

Mittel | 7,8 km | 500 Hm | 3 Std.

Tourencharakter: Aussichtsreiche Höhenwanderung auf überwiegend gut ausgebauten Wald- und Schotterwegen. Der Aufstieg zum Edelsberg kann umgangen werden.

Ausgangs-/Endpunkt: Bergstation Alpspitzbahn (1450 m)

Höchster Punkt: Edelsberg (1624 m)

Anfahrt: Auto: Von der A7 bei Ausfahrt 137 oder 138 abfahren und der Beschilderung zur Alpspitzbahn folgen. GPS: 47.6188, 10.4979; Bus & Bahn: Zugverbindungen von Kempten und Reutte zum Bahnhof in Nesselwang; bis zum Ausgangspunkt dann noch ca. 1 km zu Fuß

Einkehr: Kappeler Alp; Panorama-Stadel

Karte: AV-Karte 1:25 000, BY3 Allgäuer Voralpen Ost

Informationen: www.nesselwang.de

Die Rundwanderung zum Edelsberg ist als sehr schöne und leichte Höhenwanderung bekannt. Ein Grund hierfür ist der leicht zugängliche Gipfel, der uns ein Bergpanorama par excellence bietet. Auf geht's!

Von der Bergstation der Alpspitzbahn gehen wir zum nahen Panoramastadel, biegen dort rechts ab und folgen dem Wanderweg zunächst Richtung Alpspitze. Nach 450 Metern zweigt rechts ein Pfad zur Alpspitze ab – wer mag, kann diesen Abstecher gern in die Tour mit einbauen, sollte aber wissen, dass der Gipfel nur mit etwas Kraxelei zu erreichen ist. Deutlich einfacher zu meistern ist der Anstieg auf den Edelsberg. Nach den fakultativen Höhenmetern zur Alpspitze ermöglicht uns die Abkürzung zur Fichtelhütte, den Gipfelbereich zu umgehen. Das aber wäre ein Jammer, denn oben auf dem Edelsberg erwartet uns ein

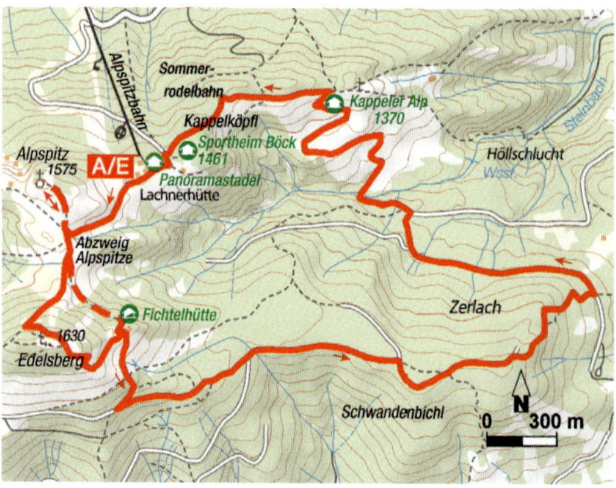

Panorama von der Nagelfluhkette im Westen über die Allgäuer Hochalpen und die Tannheimer Berge bis hin zu den Ammergauer Alpen im Osten! Die sehr informative Panoramatafel hilft, mit der Zugspitze, dem Hochvogel und dem Großen Widderstein die höchsten und bekanntesten Gipfel in der Umgebung sicher zu bestimmen. Daneben sind mit dem Besler, dem Walmendinger Horn und der Großen Schlicke mehrere Gipfel zu sehen, die ebenfalls in diesem Buch beschrieben werden. Alle genannten Berge gefunden? Dann steigen wir zur Fichtelhütte ab. Dort biegen wir rechts ab und folgen zunächst den Schildern Richtung Gundhütte, ehe wir Richtung Hündeleshütte abbiegen und erst auf dem Weg dorthin zur Kappeler Alp wandern. Von der Bergwirtschaft sind es noch 20 Minuten bis zur Bergstation der Alpspitzbahn, wo wir nochmals Gelegenheit finden, diese schöne Wanderung gemütlich ausklingen zu lassen.

AlpspitzKick

Der AlpspitzKick ist eine Seilrutsche der Superlative: In zwei Abschnitten geht es an einem Drahtseil von der Bergstation mit bis zu 130 km/h talwärts (www.alpspitzkick.de).

Die Kappeler Alp besticht mit ihrer herrlichen Lage oberhalb von Nesselwang und Pfronten.

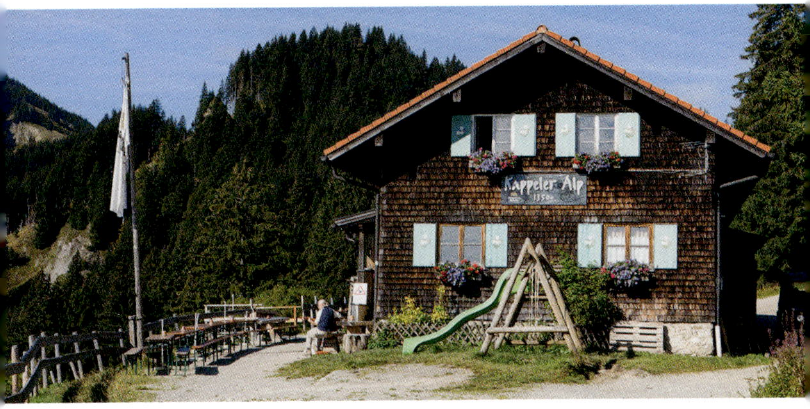

23 5-Seen-Runde bei Seeg

Wasser von seiner schönsten Seite

Leicht 11,6 km | 150 Hm | 3 Std.

Tourencharakter: Bequeme Wanderung über gut ausgebaute Wege und landwirtschaftliche bzw. Dorfstraßen. Reizvolle Einblicke in die Seenlandschaft

Ausgangs-/Endpunkt: Seeg (860 m)

Höchster Punkt: Seeleuten (900 m)

Anfahrt: Auto: Von der A7 Richtung Füssen bei Ausfahrt 138 Richtung Nesselwang abfahren, über die OAL 1 bis Seeg, dort in die Hauptstraße abbiegen und weiter bis zu den Stellplätzen entlang der Straße. GPS: 47.6539, 10.6055; Bus & Bahn: Von Augsburg, München und Füssen bestehen Zugverbindungen zur Haltestelle in Seeg. Bis zum Toureneinstieg sind es dann noch 10 Min. zu Fuß.

Einkehr: Seeterrasse; Landhotel Panorama (Café)

Karte: Zumstein Wanderkarte 1:30 000, Pfronten

Informationen: www.seeg.de

Im Vorland der Ostallgäuer Alpen laden zahlreiche Seen zum Spazieren und Wandern ein. Als Zeugen der letzten Eiszeit bieten sie uns an vielen Stellen wunderschöne Ausblicke zu den Bergen. Auf der 5-Seen-Runde lernen wir eine Handvoll dieser Seen kennen.

Die Orientierung ist bei dieser Tour denkbar einfach: Ab dem Kirchplatz in Seeg folgen wir immer der Beschilderung der 5-Seen-Runde – am besten entgegen dem Uhrzeigersinn. Damit passieren wir nach wenigen Schritten die Rokokokirche St. Ulrich und nutzen den anfangs asphaltierten Weg über die OAL 1. Auf diesem ersten Abschnitt haben wir die beiden Seeger Seen im Blickfeld.

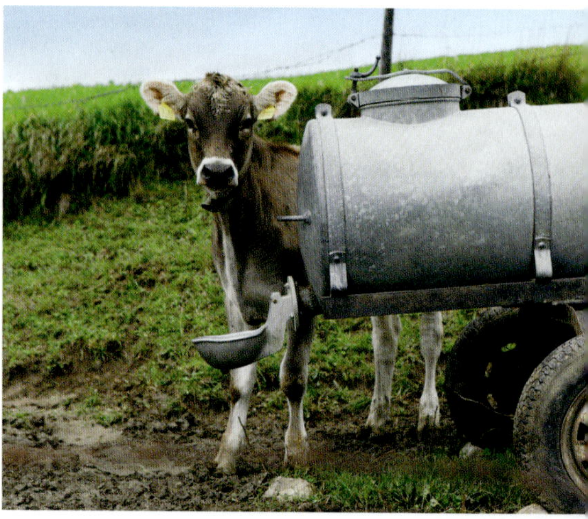

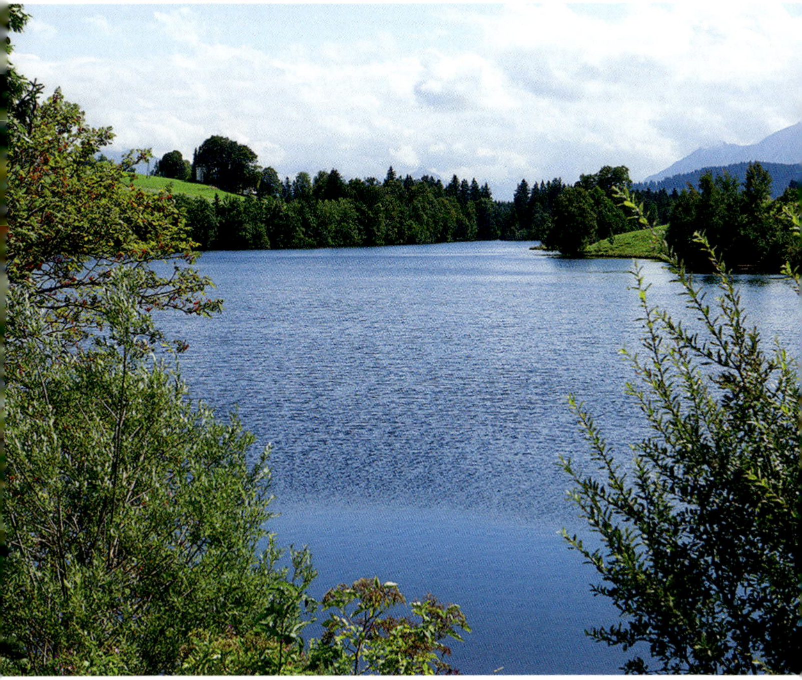

Blick auf den Schwaltenweiher

Linke Seite: Guck mal!

Nach dem nördlichen See führt uns die 5-Seen-Runde links auf einem Wiesenweg über die Grazach und weiter über einen Landwirtschaftsweg und die Straße Zum Ostermoos nach Seeweiler. Wer mag, kann hier direkt zum Schwaltenweiher abkürzen. Alle anderen biegen bei der Kapelle rechts ab und folgen der 5-Seen-Runde in einem Bogen zum Abzweig Trollweiher, der sich etwas abseits unserer Runde befindet. Ein paar Schritte weiter öffnet sich ein herrlicher Blick auf den Luimooser Weiher; den ersten See, an dem die 5-Seen-Runde bis ans Ufer führt. Am Verlandungsbereich, an einem Bildstock und an mehreren Höfen vorbei treffen wir erneut auf die OAL 1. Leider verläuft der Weg die nächsten 400 Meter (rechts) entlang der Straße.

Sobald der Wohnwagenstellplatz Allgäuer Hof hinter uns liegt und der Weg links zum See abzweigt, werden wir dafür mit umso schöneren Aussichten über den Schwaltenweiher zur Allgäuer und zur Tannheimer Alpenkette entschädigt. Wegen diesem grandiosen Panorama ist der Weiher auch als »Logenplatz vor den Alpen« bekannt. So kommt die Seeterrasse wie gerufen für eine gemütliche Einkehr. Der Weiher ist ein beliebter Badesee mit mehreren Badeplätzen und Liegewiesen. Auch Ruderboote kann man für eine Fahrt über den See mieten. Weiter geht es von der Seeterrasse durch die Siedlung Goldhasen und um die Südspitze des Schwaltenweihers. Auf der anderen Seite des Sees wandern wir durch den Uferwald und folgen den Markierungen hoch zur Straße. Mit dem Weiher im

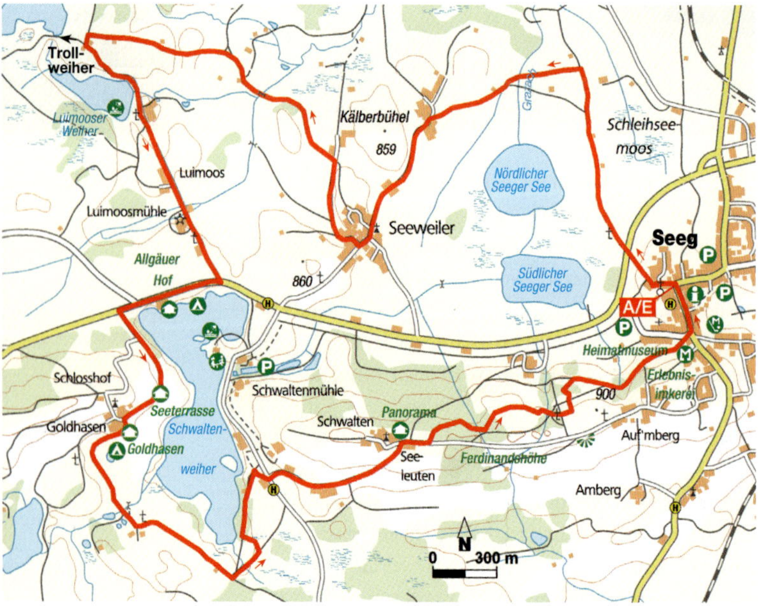

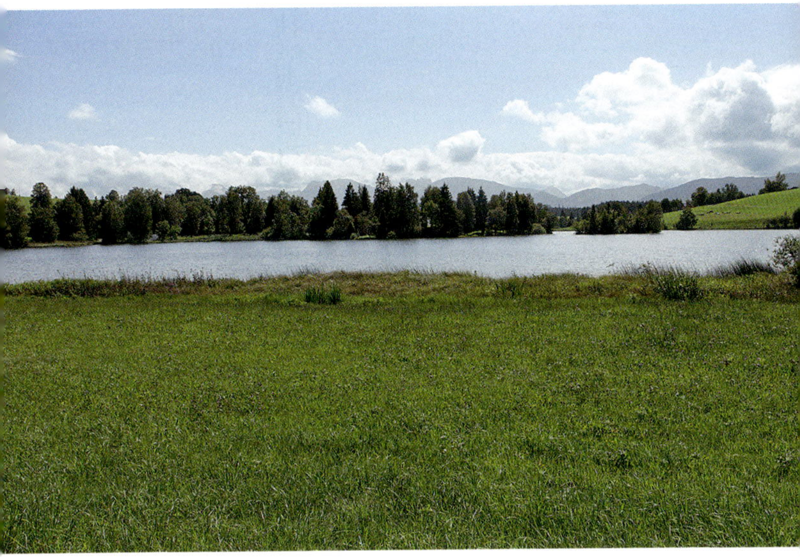

Aussicht über den Schwaltenweiher zur Alpenkette

Rücken steigt der Weg noch bis Seeleuten an, wo wir das Landhotel Panorama passieren. Am Waldrand ist Seeg in zwei Richtungen ausgeschildert – sollten die Wege aufgeweicht sein, kann man hier ruhig geradeaus weiterlaufen und auf breiten Schotterwegen zum Ausgangspunkt zurückkehren. Sind die Wege intakt, ist es schöner, links auf den Pfad abzuzweigen. Sowie man das Waldstück durchquert hat, öffnet sich die Sicht ein zweites Mal über die Seeger Seen. Verglichen mit der Aussicht zu Beginn der Tour ist der Blickwinkel um einiges besser, und auch die malerische Lage der Rokokokirche kommt hier zur Geltung, sodass wir am Ende der Runde nochmals schöne Eindrücke sammeln können.

Honigdorf

Seeg ist auch als »das Honigdorf im Allgäu« bekannt. Der Bienen-Erlebnispfad gibt auf zwölf Stationen Einblicke in das Leben der fleißigen Insekten und informiert über den Beruf des Imkers.

24 Burgen bei Eisenberg

Zu den Ruinen Hohenfreyberg und Eisenberg

Leicht | 4,6 km | 200 Hm | 1.30 Std.

Tourencharakter: Bequeme Wanderung über gut ausgebaute Wege und schwach befahrene Straßen

Ausgangs-/Endpunkt: Eisenberg-Zell (890 m)

Höchster Punkt: Burgruine Hohenfreyberg (1055 m)

Anfahrt: Auto: Von der A7 bei Ausfahrt 137 oder 138 nach Nesselwang abfahren, weiter Richtung Füssen, im Kreisel von B310 und OAL2 nach Eisenberg abfahren und bis zum Parkplatz in Zell. GPS: 47.60290, 10.58820; Bus & Bahn: Ab Kempten und Füssen fährt die Buslinie 56 zur Haltestelle »Abzweig Zell, Eisenberg«.

Einkehr: Schlossbergalm (Di–So ab 10 Uhr); in Zell

Karte: Zumstein Wanderkarte 1:30 000, Pfronten

Informationen: www.eisenberg-allgaeu.de

Die Burg Eisenberg steht in Sichtweite zum Falkenstein. Damit diente sie früher als optisches Gegengewicht zum Tiroler Machtgehabe. Nachdem die alten Zwistigkeiten längst Geschichte sind, bildet sie heute mit der Burg Hohenfreyberg ein reizvolles Ausflugsziel.

Vom Parkplatz an der OAL2 sind es nur wenige Schritte hinein nach Zell. Wir folgen der Dorfstraße am Burgenmuseum vorbei in die offene Landschaft. Wo sich der Weg oberhalb des Dorfes gabelt, halten wir uns rechts und nehmen den rot markierten Weg in den Wald. Beim nächsten Wegkreuz biegen wir erneut rechts ab, sodass wir bald auf eine große Lichtung mit Sicht zur Burgruine Hohenfreyberg gelangen. Der Wanderweg zur Burg führt von der Lichtung ein Stück weit in den Wald, ehe er links zum nächsten Wegkreuz ansteigt. Alternativ kann man auch die Wege am Waldrand nutzen. Beide Varianten münden in den Verbindungsweg zwischen den Burgen. Hier bietet es sich an, zunächst zur Burgruine Hohenfreyberg zu gehen. Sie ist eine der größten Burgen von Bayern und eine der letzten Burgenneubauten des deutschen Mittelalters. Als die Schweden und Franzosen im Dreißigjährigen Krieg zu den Alpen vorrückten, ließ die Landesregierung die Burg

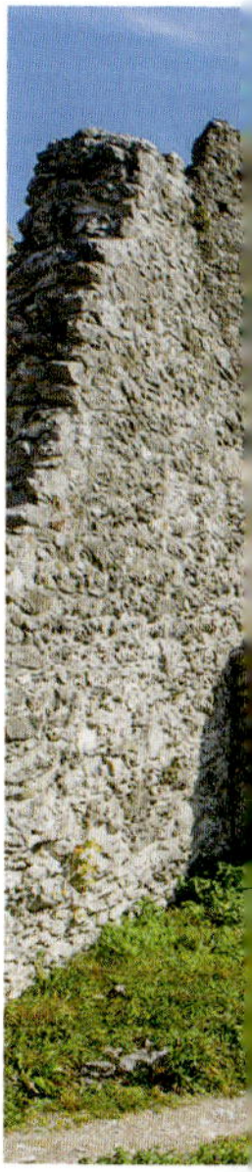

Hohenfreyberg niederbrennen. Zurück beim Wegkreuz geht es als Nächstes zur Ruine Eisenberg. Sie wurde im 14. Jahrhundert errichtet und wie ihre Nachbarburg 1646 niedergebrannt und anschließend dem Verfall preisgegeben. Nach der zweiten Burgbesichtigung können wir direkt über einen Stichweg zur Schlossbergalm hinuntersteigen. Bequemer ist der längere Weg: Dieser zweigt in etwa mittig zwischen den Burgen ab und führt in einem Bogen durch den Wald auf eine Weide oberhalb des Gasthauses. Der Rückweg nach Zell erfolgt auf dem Burgweg.

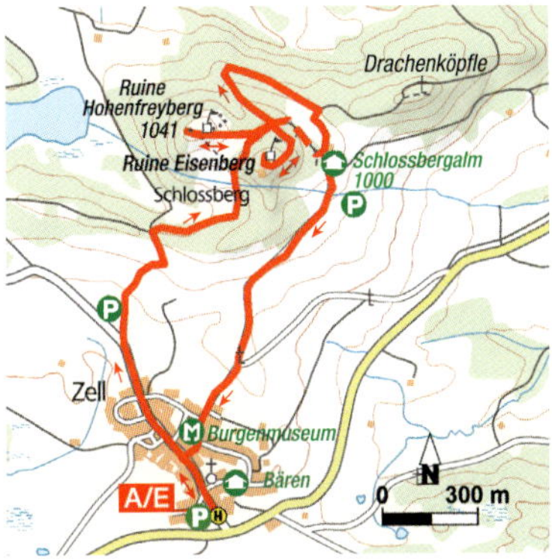

Links: Burgruine Hohenfreyberg

Rechts: In der Burgruine Eisenberg

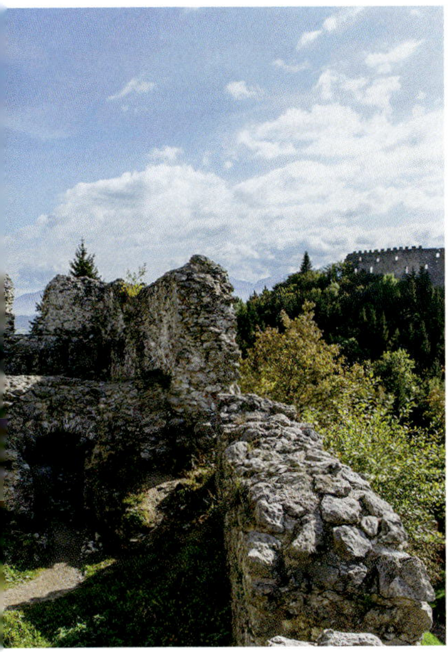

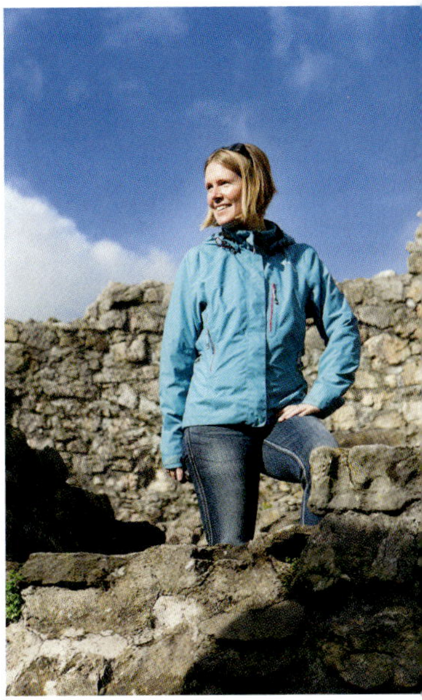

25 Eschacher Panoramaweg

Zwischen Hopfensee und Forggensee

Mittel | 11,2 km | 230 Hm | 3.30 Std.

Tourencharakter: Technisch einfache Wanderung auf gut ausgebauten Wegen und schwach befahrenen Straßen. Aufpassen beim Queren der B16!

Ausgangs-/Endpunkt: Campingplatz am Hopfensee (785 m)

Höchster Punkt: Abzweig (915 m) zur Burgruine Hopfen

Anfahrt: Auto: Von der A7 bei Ausfahrt 139 nach Füssen abfahren, weiter über die B310 und die St2008 nach Hopfen am See bis zum Parkplatz beim Campingplatz. GPS: 47.6022, 10.6835; Bus & Bahn: Ab Kempten und Nesselwang fährt die Buslinie 56 zur Ufer/Höhenstraße in Hopfen am See.

Einkehr: Unterwegs keine; Café Maria am Forggensee (ab 10 Uhr, Mi Ruhetag); in Hopfen am See

Karte: Zumstein Wanderkarte 1:30000, Schwangau

Informationen: www.fuessen.de

Der Hopfensee ist als die »Allgäuer Adria« bekannt. Eine kilometerlange Strandpromenade, Restaurants und Cafés laden zum Flanieren und Verweilen ein. Von hier führt diese Runde über eiszeitlich geprägte Moore und Hügel zum Aussichtspunkt über dem Forggensee.

Am südlichen Ortseingang von Hopfen am See starten wir beim Campingparkplatz. Vorbei an der Wasserwacht passieren wir den Platz, lassen den Seerundweg bald rechts liegen und folgen der Beschilderung Richtung Eschach. Der Weg dorthin führt an sanft gerundeten Hügeln und an einem kleinen Moorsee vorbei. Sowie wir die St2008 gekreuzt haben, biegen wir in Eschach erst rechts, am anderen Ortsrand dann links ab. Damit verläuft die Wanderung erneut durch das eiszeitlich überformte Alpenvorland. Einige Kuppen sehen aus, als hätte man sie direkt aus einem Malbuch hierher verfrachtet. Wo wir auf die B16 treffen, verhalten wir uns bitte umsichtig – die Bundesstraße ist viel befahren, und die meisten Fahrer haben es eilig. Eine Überquerungshilfe entschärft die Situation. Am Aussichtspunkt Bleick angekommen, genießen wir ein grandioses Panorama mit dem blaugrün schillernden Forggensee und dem Ammergebirge. In der Vertiefung zwischen Tegelberg und Säuling ist Schloss Neuschwanstein zu erkennen. Vor Ort erleichtert eine Panoramatafel die Orientierung. Rund 500 Meter weiter biegen wir beim Abzweig zum Naturbad links ab und nutzen die Unterfüh-

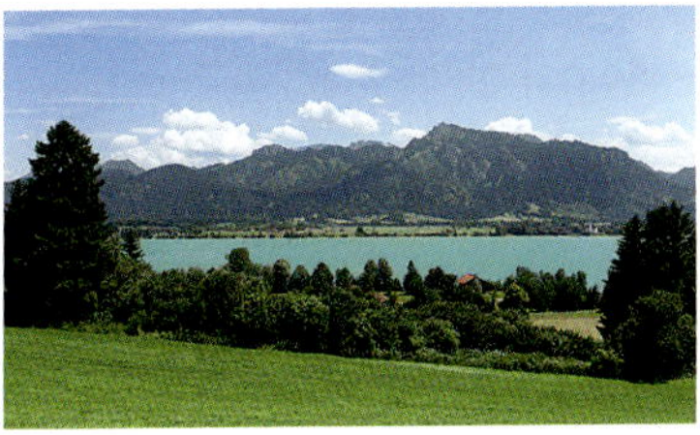

Burg Hopfen

Burg Hopfen wurde vermutlich im 11. Jh. errichtet. Ein Großteil der heute sichtbaren Festungsteile legte man bei der Sanierung 1999 frei.

rung, um wieder sicher auf die andere Seite der B 16 zu gelangen. Für den Rückweg folgen wir der Beschilderung zunächst immer Richtung Fachklinik Enzensberg, dann bergan zur Burgruine Hopfen. Hier genießen wir erneut eine herrliche Sicht auf das Ammergebirge und die Tannheimer Berge, ehe wir auf dem Burgweg zurück zum Hopfensee spazieren.

Aussicht vom Bleick über den Forggensee zu den Tannheimer Bergen

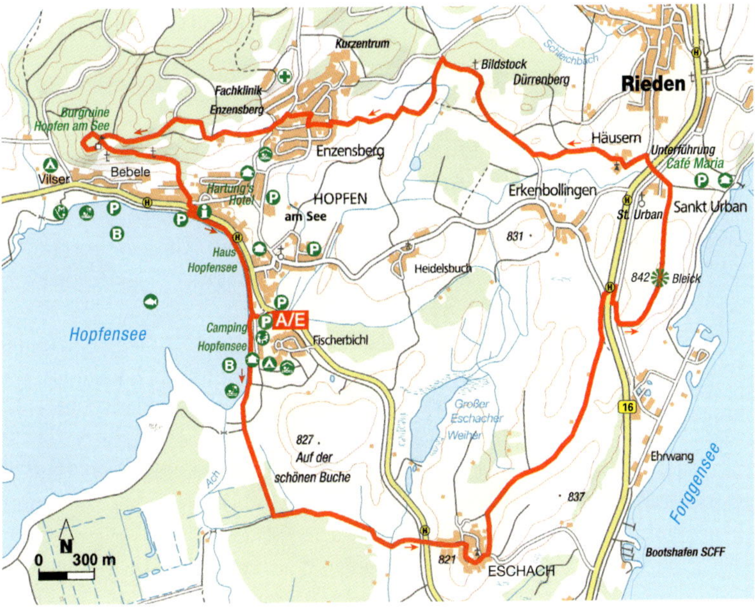

26 Burgruine Falkenstein

König Ludwigs nie gebautes Schloss

Mittel | 3,5 km | 260 Hm | 1.30–2 Std.

Tourencharakter: Kurzer, knackiger Aufstieg über Waldwege und teils leicht abschüssige Pfade bis zum Falkenstein. Rückweg deutlich einfacher

Ausgangs-/Endpunkt: Berghotel Schlossanger Alp (1103 m) in Pfronten

Höchster Punkt: Burgruine Falkenstein (1267 m)

Anfahrt: Auto: Von der A7 bei Ausfahrt 138 nach Nesselwang, weiter über OAL23 und B309/310 nach Meilingen, im Kreisel der B310 auf die OAL2 abfahren, links in den König-Ludwig-Weg abbiegen und der Straße bis zum Berghotel Schlossanger Alp folgen.
GPS: 47.5710, 10.5872;
Bus & Bahn: –

Einkehr: Restaurant im Burghotel Falkenstein; Berghotel Schlossanger Alp

Karte: AV-Karte 1:25 000, BY 5 Tannheimer Berge

Informationen: www.pfronten.de

Wäre es nach dem Märchenkönig gegangen, so stünde heute ein Prachtschloss auf dem Falkenstein, das »an kühner Schönheit nichts zu wünschen« übrig ließe. Doch dazu kam es nie, womit nach wie vor eine mittelalterliche Festungsruine auf dem Falkenstein thront.

Los geht es beim Berghotel Schlossanger Alp; auf der linken Seite des Parkplatzes ist die Burgruine Falkenstein bereits ausgeschildert. Der Aufstieg erfolgt durch den Wald, wobei wir rasch einige Höhenmeter gewinnen. Mehrere kurze Passagen erfordern Trittsicherheit. Mit etwas Umsicht und Geduld aber sollten

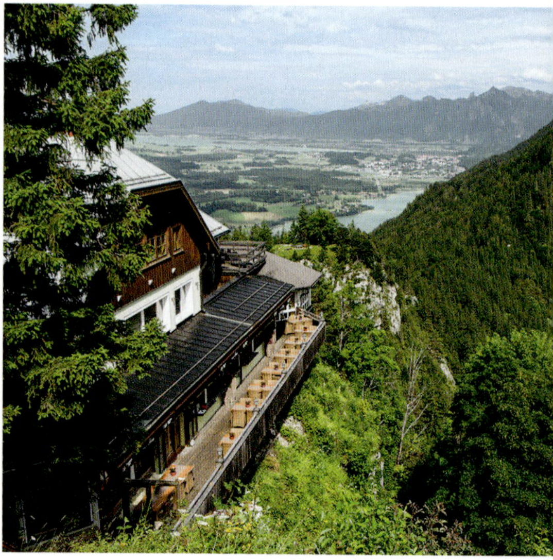

wir den Aufstieg zum Falkenstein gut meistern – entweder über den alten Zuweg oder über den Umweg über die Hotelzufahrt. Von der Panoramaterrasse des Burghotels Falkenstein reicht der Blick nach Osten über das Vilstal bis zum Schloss Neuschwanstein und zur 2963 Meter hohen Zugspitze. Daneben lohnt sich ein Blick in das Museum Falkenstein: Es informiert über das nie realisierte Prunkschloss und zeigt ein Modell, wie sich Ludwig II. dieses in etwa vorgestellt hatte. Der weitere Aufstieg zur Burgruine führt über einen Treppenweg. Von der Ruine genießt man eine schöne Sicht auf den Breitenberg und auf die beiden Gipfel des Aggensteins. Nach dem Abstecher nutzen wir den Pfad südlich des Burghotels. Wo dieser endet, lohnt sich rechts ein Abstecher zur Mariengrotte. Anschließend folgen wir dem Bergweg in entgegengesetzter Richtung und passieren die Gedenkstätte der 97. Jäger-division sowie das Gedenkkreuz aus dem 19. Jahrhundert. Letzteres erinnert an den »Falkensteinersepp«, der 40 Jahre lang als Einsiedler auf dem Falkenstein lebte. Am Wappenstein wechseln wir auf die Burghotelzufahrt, die uns am Abzweig zum Weißensee vorbei bis zum unteren Parkplatz bringt. Über die Zufahrt vom Berghotel geht es schließlich wieder bergan zu unserem Ausgangspunkt bei der Schlossanger Alp.

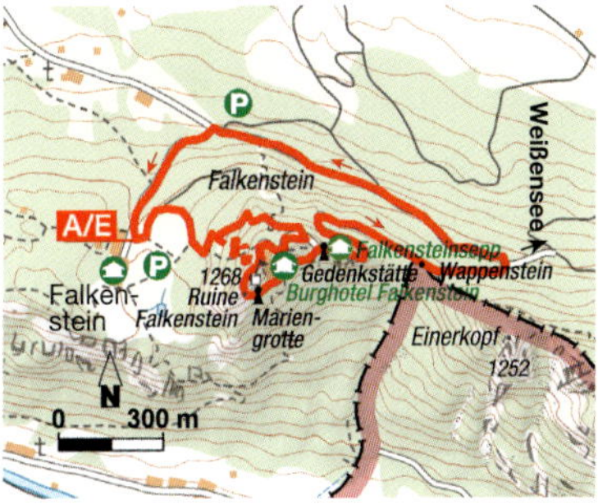

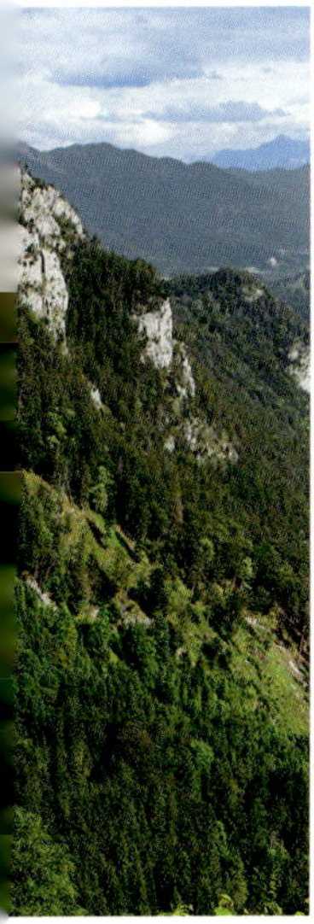

Unterhalb der Burgruine verspricht das Burghotel Falkenstein entspannte Stunden.

27 Alatsee

Ein Bergsee zum Verlieben

Leicht | 4,4 km | 150 Hm | 1.30 Std.

Tourencharakter: Wer es beim Seerundweg belässt, erlebt eine sehr leichte, kurze Runde. Doch auch der durch die Länge entschärfte Aufstieg zum Zweiseenblick stellt nur geringe Anforderungen.

Ausgangs-/Endpunkt: Parkplatz am Alatsee (875 m)

Höchster Punkt: Nahe dem Zweiseenblick (950 m)

Anfahrt: Auto: Von der A7 bei Ausfahrt 139 nach Weißensee/Oberried abfahren und gleich links auf die Saloberstraße abbiegen; der Straße bis zum Wanderparkplatz oberhalb des Alatsees folgen. GPS: 47.5629, 10.6399; Bus & Bahn: –

Einkehr: Hotel und Restaurant Alatsee

Karte: AV-Karte 1:25 000, BY 5 Tannheimer Berge

Informationen: www.fuessen.de

Bei der Wanderung am Alatsee haben wir die Wahl: Wer sich nur mal kurz die Beine vertreten möchte, kann es bei einem lockeren Spaziergang auf dem Seerundweg belassen. Etwas weiter oben bietet sich mit dem Zweiseenblick noch ein weiteres lohnendes Ziel.

Vom Parkplatz entlang der Saloberstraße trennen uns nur wenige Schritte vom Alatsee. Links geht es direkt zum gleichnamigen Hotel und Restaurant. Wir indes nehmen den Umweg und biegen rechts auf den Alatsee-Rundweg ab. Er führt uns an mehreren Stationen mit Infos über die heimische Vogelwelt vorbei zum Badestrand des Sees. Über die Südseite mit Blick über das grüne bis dunkelblaue Wasser hinüber zum Zweiseenblick rückt bald das Gasthaus ins Blickfeld. Direkt davor trennen sich die Wege: Während die Spaziergänger

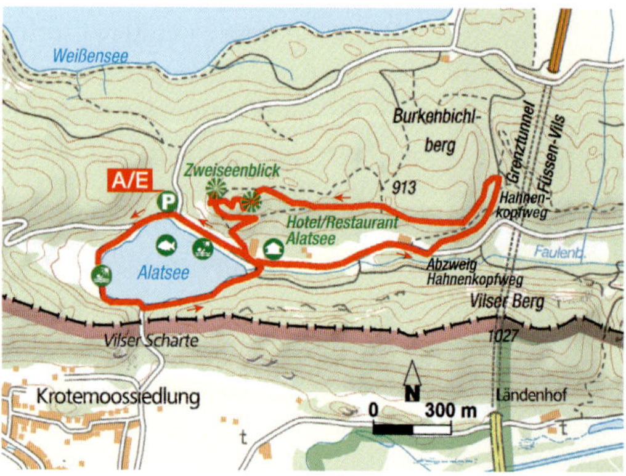

ihr Ziel nach 1200 Metern erreicht haben, biegen wir Wanderer rechts ab und folgen zunächst der Alatseestraße Richtung Füssen, ehe wir links zum Hahnenkopfweg abzweigen. Der ansteigende Weg beschreibt einen weiten Linksbogen bis zu einer lichten Kreuzung direkt unterhalb einer Freileitung. Um zum Zweiseenblick zu gelangen, biegen wir hier scharf links auf den Hahnenkopfweg ab. Damit ändert sich der Charakter dieser Wanderung, und fortan bewegen wir uns auf verwurzelten Waldpfaden. Nachdem wir eine fast zugewachsene Aussicht mit Bank passiert haben, zweigt links ein Pfad hinunter zum Alatsee ab, den wir vorerst ignorieren. Gleich danach erreichen wir den Zweiseenblick. Auch hier behindern Bäume die Sicht; von zwei Punkten aus lassen sich aber der Weißensee und der Alatsee gut überblicken. Anschließend kehren wir zum letzten Wegweiser zurück, wo es nun rechts hinunter zum Alatsee geht.

Rätselhafter See

Im Alatsee sollen Fabelwesen und Gespenster hausen, die unvorsichtigen Wanderern auflauern und sie in die Tiefe ziehen oder in Erdspalten locken. Auch sollen zum Ende des Zweiten Weltkriegs große Mengen Gold der Deutschen Reichsbank im See versenkt worden sein – die Schatzsucher blieben bis heute jedoch erfolglos.

Beim Gasthaus Alatsee treffen sich Wanderer, Spaziergänger wie auch Radfahrer.

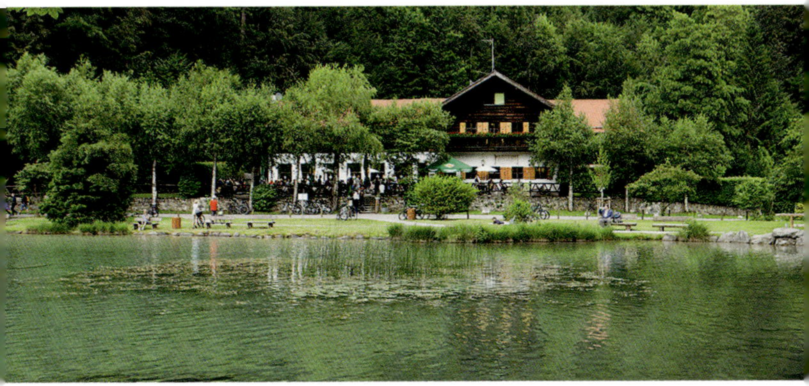

28 Lechfall

Wasser und Wald bei Ziegelwies

Leicht · 3,3 km · 150 Hm · 1.30 Std.

Tourencharakter: Die kurze Runde gleicht einem lockeren Spaziergang. Der Abschnitt auf dem Alpenrosenweg ist gut gesichert und ebenfalls bequem zu laufen.

Ausgangs-/Endpunkt: Parkplatz Lechfall (795 m)

Höchster Punkt: Abzweig (890 m) auf den Alpenrosenweg

Anfahrt: Auto: Am Autobahnende der A7 durch den Tunnel fahren, die 1. Ausfahrt der L 179 nach Füssen nehmen und der Straße bis zum Parkplatz beim Lechfall folgen; alternativ beim Walderlebniszentrum parken. GPS: 47.5626, 10.6950; Bus & Bahn: Ab dem Bahnhof Füssen fährt die Buslinie 4258 zur Haltestelle »Ziegelwies-Walderlebniszentrum«.

Einkehr: Bergwaldimbiss Füssen; beim Lechfall

Karte: AV-Karte 1:25 000, BY 5 Tannheimer Berge

Informationen: www.fuessen.de

Die Wanderung ab dem Lechfall zählt zu den Touren für die ganze Familie. Nach dem erfrischenden Auftakt am Lech erhalten wir auf dem Alpenrosenweg Einblicke in das Leben im Bergwald. Abenteuerlustige kommen schließlich im Walderlebniszentrum auf ihre Kosten.

Von den beiden kleinen Parkplätzen an der Tiroler Straße trennt uns nur ein Katzensprung vom Lechfall. Zwei Aussichtspunkte und die Brücke bieten freie Sicht auf den mit mehreren künstlichen Stufen gebändigten Wasserfall. Mit diesen ersten schönen Eindrücken queren wir die Straße, passieren das Steakhaus auf der linken Seite und folgen der Beschilderung zum Alpenrosenweg. Der Weg dorthin führt um eine idyllisch gelegene Wiese und durch eine Allee zu einem überdachten Aussichtsplatz (Pavillon). Hier öffnet sich die Sicht über das Lechtal auf die Tannheimer Berge mit dem Vilser Kegel. Gut 200 Meter

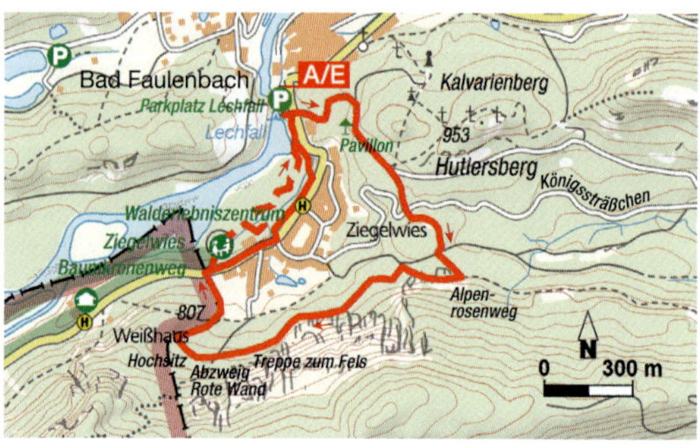

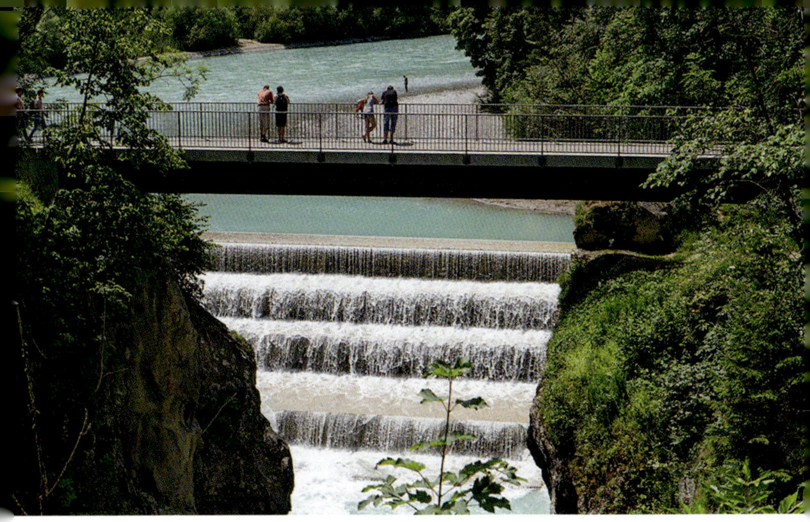

Über mehrere Stufen rauscht der Lech hinunter in die tiefer gelegene Klamm.

weiter halten wir uns bei der Verzweigung rechts, kreuzen danach das Königssträßchen und nutzen den Märchenpfad hinauf zum Alpenrosenweg. Rechts ab führt uns der Weg unterhalb einer Felswand durch den Bergwald. Im Sommer blühen hier an mehreren Stellen Türkenbundlilien. Zudem erfahren wir, wozu die Verbauungen am Hang errichtet wurden. Nachdem wir eine Holztreppe und den Abzweig zur Roten Wand passiert haben, erreichen wir einen Hochsitz. Er dient nicht der Jagd, sondern Wanderern als Rastplatz. Am Ende des Wegs biegen wir rechts Richtung Ziegelwies ab. Der Wanderweg führt um die Grenze zu Tirol herum zu einem großzügig angelegten Waldrastplatz. In Ziegelwies angekommen, können wir direkt entlang der Tiroler Straße zurück zum Lechfall laufen. Schöner ist es aber, beim Walderlebniszentrum auf den Auwaldpfad zu wechseln. Dieser ist nahe dem Lechfall mit dem Weg entlang der Straße verbunden.

Walderlebniszentrum

Auf dem Gelände des Walderlebniszentrums geben mehrere Erlebnispfade und der Baumkronenweg Einblicke in den Lebensraum Wald (www.walderlebniszentrum.eu).

29 Schwansee und Alpsee

Königliches Wandern zu zwei Märchenseen

Leicht 10,5 km 200 Hm 3 Std.

Tourencharakter: Bis auf den Bereich bei den Schlössern überraschend ruhige Runde auf überwiegend breiten Wegen. Der Abstieg zum Schwanensee erfolgt über einen Pfad.

Ausgangs-/Endpunkt: Parkplatz am Königssträßchen (800 m) nahe Alterschrofen

Höchster Punkt: Im Bereich der Fürstenstraße (bis 880 m)

Anfahrt: Auto: Am Autobahnende der A7 nach Füssen abfahren und bis Alterschrofen der Beschilderung zu den Schlössern folgen; dort rechts zum Parkplatz am Königssträßchen abbiegen. GPS: 47.5617, 10.72603; Bus & Bahn: Ab dem Bahnhof Füssen fahren mehrere Buslinien zur Haltestelle »Hohenschwangau-Neuschwanstein Castles«; der Toureneinstieg ist dann in Hohenschwangau.

Einkehr: Alpseebad Hohenschwangau; in Hohenschwangau

Karte: AV-Karte 1:25 000, BY 5 Tannheimer Berge

Informationen: www.schwangau.de

Hohenschwangau ist vor allem durch seine Schlösser bekannt. Wo sich Ludwig II. einst Ruhe und Abgeschiedenheit erhofft hatte, treffen sich heute Touristen aus aller Welt. Nur wenige registrieren die beiden Seen, die wir bei dieser gemütlichen Runde kennenlernen.

Die Parkplätze direkt bei Hohenschwangau sind in Anzahl und Preis auf die Besucherströme zu den Schlössern ausgelegt. Um diese zu umgehen, nutzen Autofahrer besser den Schwanseeparkplatz am Königssträßchen nahe Alterschrofen. Ab dort ist der Schwansee in 10 Minuten erreicht.

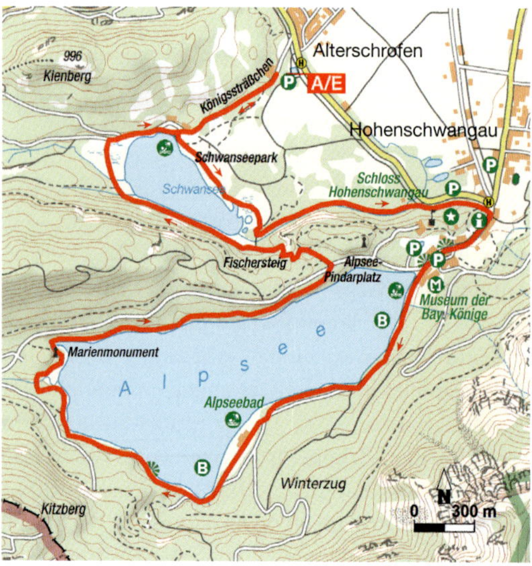

Am Seeufer biegen wir links ab und folgen dem auch mit Kinderwagen machbaren Schwansee-Rundweg bis zum Abzweig nach Hohenschwangau. Links ab führt uns der Drei-Schlösser-Weg durch den Wald zur Parkstraße und dann auch schon mitten hinein in den Trubel zwischen den Schlössern Hohenschwangau und Neuschwanstein. Bei den Bushaltestellen biegen wir rechts in die Alpseestraße ab, passieren die Tickethäuser und laufen direkt zum Schwangauer Alpsee hinunter. Auf dem Weg ans Ufer kommen wir an wenigstens zwei Stellen mit Blick auf Schloss Hohenschwangau vorbei. Sowie wir auch hier das Wasser erreicht haben, halten wir uns links und folgen dem Uferweg über die Südostseite des Alpsees zum Alpseebad. Bei unserem Besuch waren wir überrascht, wie ruhig es dort trotz der Nähe zu den Schlössern zugeht. Die für Wanderer frei zugängliche Terrasse ist damit ideal für eine längere Pause. Danach setzen wir unsere Wanderung auf dem Alpsee-Rundweg fort. Dieser führt uns auf der Westseite des Sees zu einem reizvollen Aussichtspunkt mit Blick über das Wasser zum Schloss Neuschwanstein und zum Marienmonument. Weiter geht es über die Nordseite bis zum Aussichtspunkt beim Pindarplatz. Kurz darauf treffen wir auf die Fürstenstraße, die wir aber sogleich wieder verlassen, um über den Fischersteig zurück an den Schwansee zu gelangen. Der letzte Wegabschnitt verläuft damit wieder auf dem Schwansee-Rundweg.

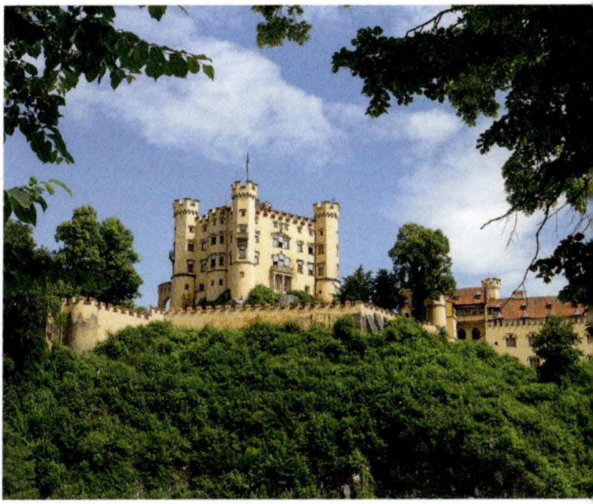

Das Schloss Hohenschwangau zählt zusammen mit Neuschwanstein zu den bekanntesten Ausflugszielen im Ostallgäu.

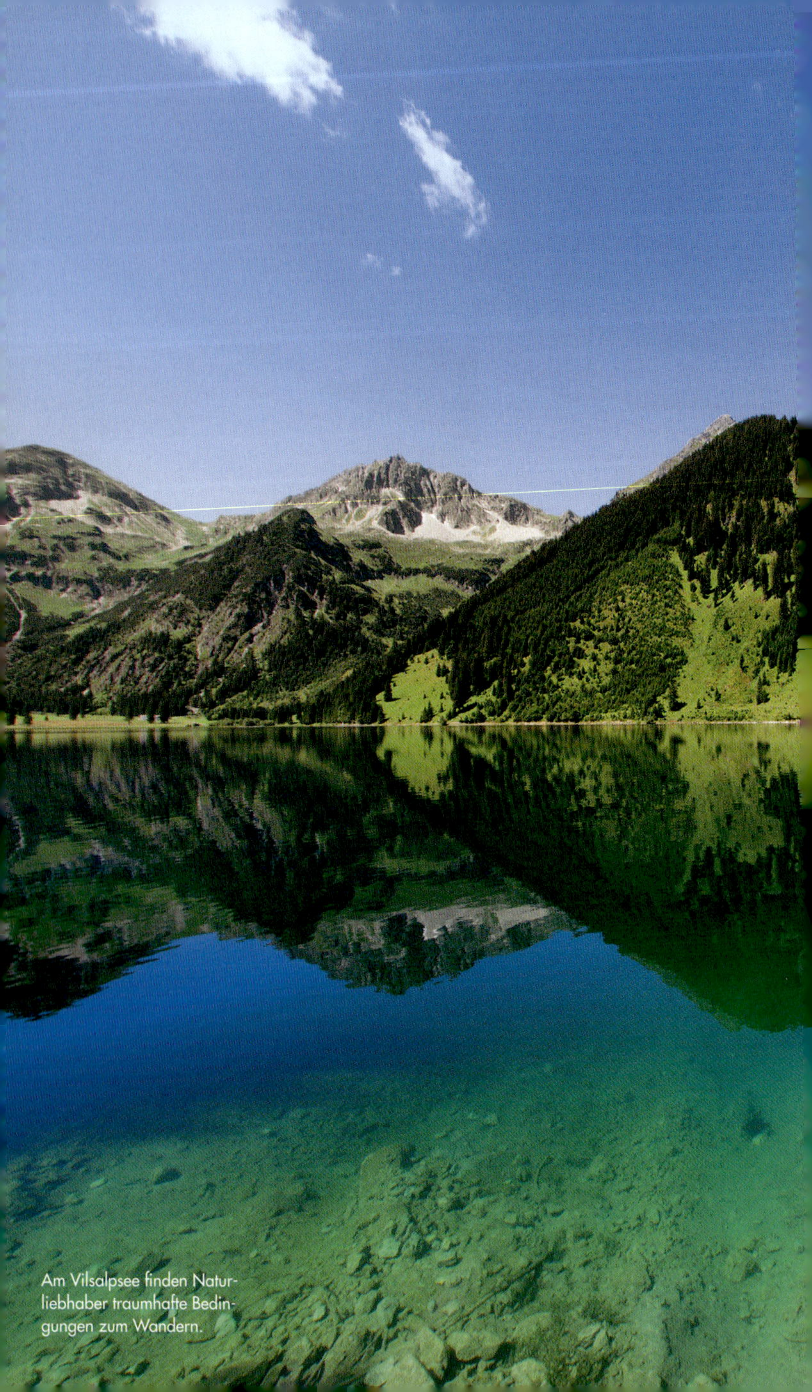

Am Vilsalpsee finden Naturliebhaber traumhafte Bedingungen zum Wandern.

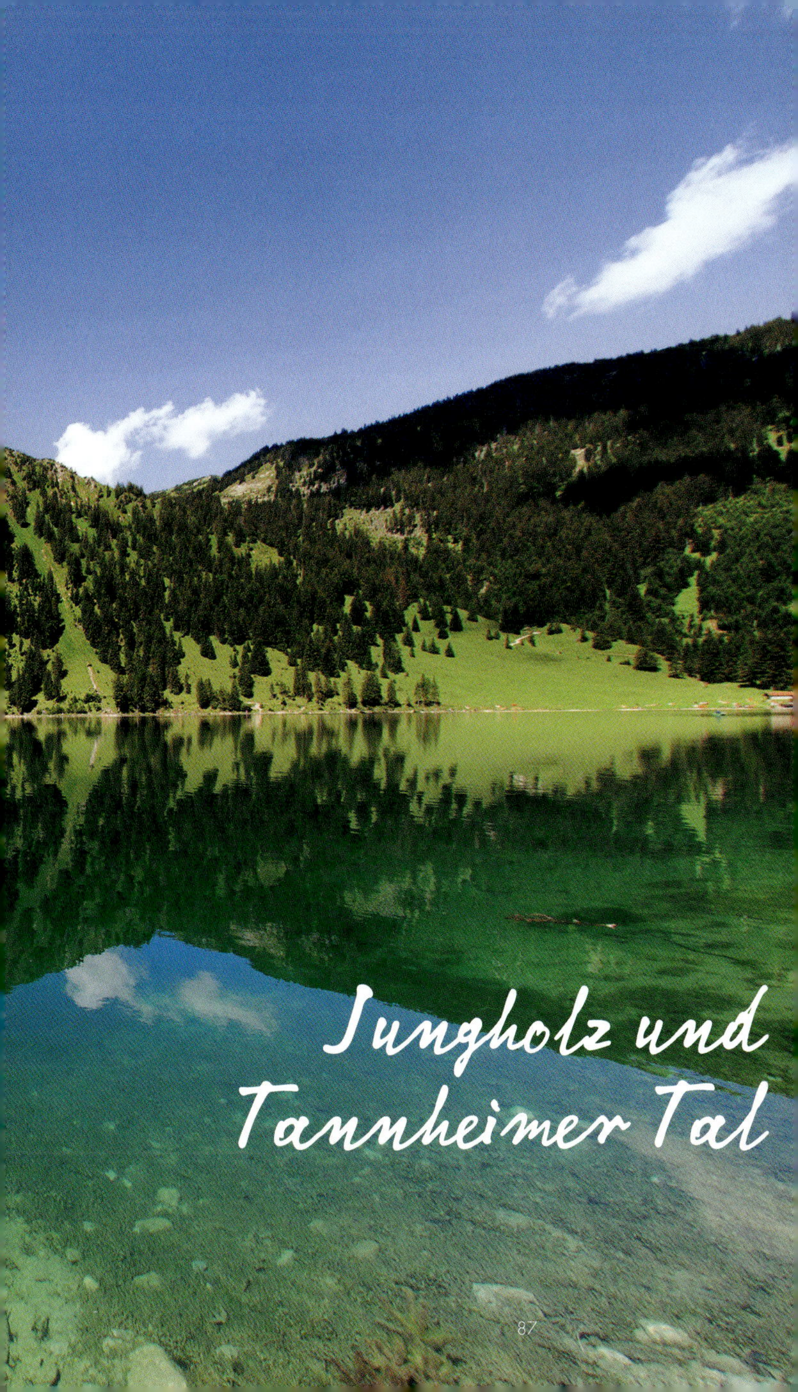

Jungholz und Tannheimer Tal

30 Jungholz

Ein Stück Tirol im Allgäu

Mittel | 7 km | 440 Hm | 2.30–3 Std.

Tourencharakter: Der Aufstieg auf den Pfeifferberg erfordert etwas Trittsicherheit und Kondition; ansonsten gut zu machende Bergwanderung auf überwiegend breiten Wegen.

Ausgangs-/Endpunkt: Jungholz-Langenschwand (1125 m)

Höchster Punkt: Pfeifferberg (1458 m)

Anfahrt: Auto: Von der A7 bei Ausfahrt 137 abfahren und der B 310 Richtung Bad Hindelang bis zum Abzweig nach Jungholz folgen; dort auf der Hauptstraße zum Parkplatz in Langenschwand fahren. GPS: 47.5728, 10.4592; Bus & Bahn: Ab Sonthofen und Oy fährt die Buslinie 9748 zur Haltestelle »Verkehrsamt« in Jungholz.

Einkehr: Stubentalalpe; in Jungholz-Langenschwand

Karte: AV-Karte 1:25 000, BY 3 Allgäuer Voralpen Ost

Informationen: www.jungholz.de

Durch einen Kaufvertrag zwischen einem Bewohner aus Wertheim und einem aus dem Tannheimer Tal wechselte Jungholz im Juni 1342 von Bayern nach Tirol. Auch wenn es im Lauf der Jahrhunderte wiederholt zu Grenzstreitigkeiten kam, hat sich daran bis heute nichts geändert.

Die Verbindung von Jungholz zu Österreich ist nicht mehr als ein Punkt auf dem Sorgschrofen (1635 m). Damit handelt es sich bei der Gemeinde um eine funktionelle Exklave, die nur über deutsches Ge-

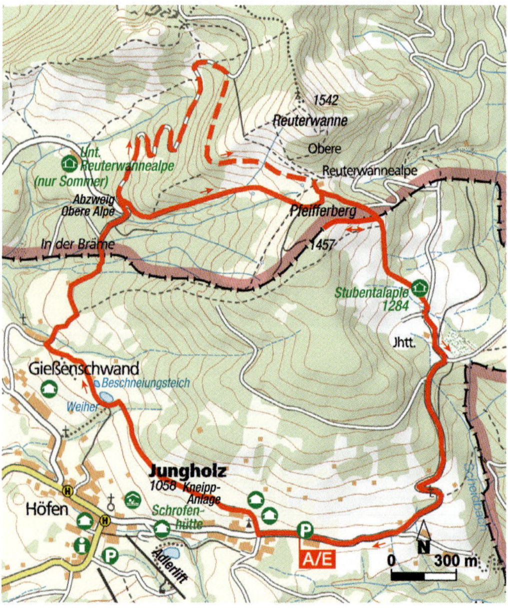

biet zu erreichen ist. Für die ersten Meter laufen wir ab dem großen Parkplatz in Langenschwand die Straße bis zur letzten Kreuzung zurück, wo wir erst rechts, dann 100 Meter weiter links auf den Jungholzer Höhenweg abbiegen. Dieser führt uns an einer großzügig gestalteten Kneipp-Anlage und einem naturbelassenen Weiher vorbei zum Beschneiungsteich. Das Baden ist leider untersagt, aber am Ufer laden mehrere Bänke zum Verweilen ein. Einen Steinwurf weiter biegen wir beim Wegweiser rechts Richtung Reuterwanne ab. Vorbei an Bergwiesen führt uns der Weg in den Wald, wo wir auf den gelb gekennzeichneten Weg zur Stubentalalpe wechseln. Trotz seiner Markierung als »leichter Weg« ist auf den nächsten Metern über die Grenze Trittsicherheit von Vorteil. Sowie wir weiter oben eine Kuhweide überquert haben, gelangen wir wieder auf leichteres Terrain. Auf dem Wirtschaftsweg geht es zuerst links zur Alpe Untere Reuterwanne, dann erreichen wir weiter rechts über die Obere Reuterwanne die Stubentalalpe, unser Ziel. Wo wir auf dem Weg dorthin wieder die Grenze zu Österreich überqueren, lohnt sich ein Abstecher zum Gipfelkreuz auf den Pfeifferberg. Von der Stubentalalpe laufen wir dann auf dem Fahrweg – mit einer Abkürzung über eine Weide – wieder hinunter nach Langenschwand.

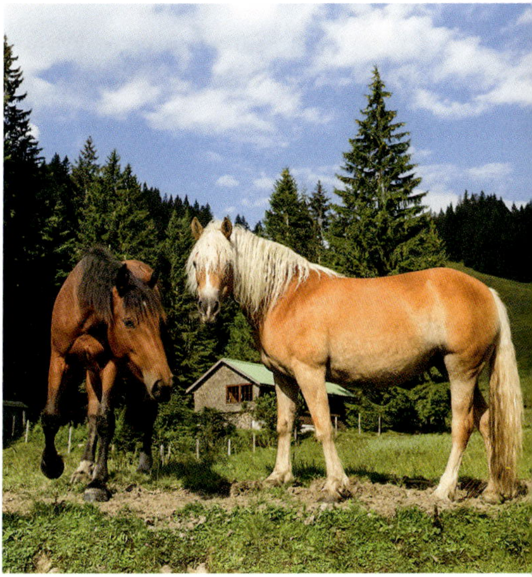

Endlich mal zwei Pferde mit Gespür fürs Motiv …!

31 Große Schlicke

Aussichtsreiche Wanderung ab dem Füssener Jöchle

Schwer | 5,5 km | 500 Hm | 3 Std.

Tourencharakter: Insbesondere bei Nässe erfordern die alpinen Pfade (Kalkgestein) ein gutes Maß an Trittsicherheit, und für den Aufstieg zum Gipfelkreuz braucht's Kondition am Berg. Tolle Aussichten!

Ausgangs-/Endpunkt: Bergstation Füssener Jöchle (1807 m)

Höchster Punkt: Große Schlicke (2059 m)

Anfahrt: Auto: Von der B310 bei Oberjoch nach Tannheim abbiegen und der L199 über Grän zur Bergbahn Füssener Jöchle folgen. (Alternativ ab Pfronten über die Achtalstraße/Gräner Landstraße nach Grän fahren.) GPS: 47.5050, 10.5642; Bus & Bahn: Ab Pfronten, Oberjoch und Reutte fahren Busse die Haltestelle »Grän-Liftanlagen« an.

Einkehr: Unterwegs keine; bei der Bergstation Füssener Jöchle

Karte: AV-Karte 1:25 000, BY 5 Tannheimer Berge

Informationen: www.tannheimertal.at

Die Große Schlicke zählt zu den Zweitausendern, die auch für wenig erfahrene Wanderer machbar sind. Selbst wer auf den letzten Anstieg zum Gipfel verzichtet, erlebt hier eine Bergwelt, die zu den schönsten im Allgäu und im Tannheimer Tal zählt.

Mit der Gondelbahn geht es auf das Füssener Jöchle. Von der Bergstation sind links mit der Bad Kissinger Hütte und dem Aggenstein zwei ebenfalls beliebte Wanderziele angeschrieben. Wir indes schlagen die andere Richtung ein und folgen der Beschilderung zur Großen Schlicke. Damit geht es auf dem rot gekennzeichneten Pfad durch artenreiche Wiesen bergan auf das Reintaljoch. Für den Aufstieg können wir uns Zeit lassen – bei dieser Tour kommen die allermeisten Wanderer ohnehin nur langsam voran. Sowie wir die Anhöhe erreicht haben, wird unsere Mühe mit einer traumhaften Sicht in den Bergkessel unterhalb der Läuferspitze rechts von uns, auf Schartschrofen und Gilmenkopf im Süden sowie auf die schroffen Felsspitzen von Roter Flüh und Gimpel im Südosten belohnt. Mit diesen Eindrücken biegen wir links ab und halten uns bei der Verzweigung 300 Meter weiter erneut links. Vorbei an Kiefern und Grasmatten eröffnet uns der Pfad tolle Einblicke in die von Felsen, Verwerfungen und Spalten geprägte Landschaft. Nachdem wir die Kleine Schlicke (1948 m) passiert haben, gilt es auf den letzten 300 Metern hoch zur Großen Schlicke zu kraxeln. Der Kraftakt wird mit einer fantastischen Aussicht über das Sabachtal zum gegenüberliegenden Kamm mit der Gehrenspitze und, nach Norden hin, über die Ostallgäuer Seenlandschaft reich entschädigt. Zu Recht stolz auf die eigene Leistung wandern wir anschließend auf derselben Route wieder zurück zur Bergstation auf dem Füssener Jöchle.

Die Pfade zwischen Großer Schlicke und dem Füssener Jöchle führen Bergsteiger in eine atemberaubend schöne Landschaft.

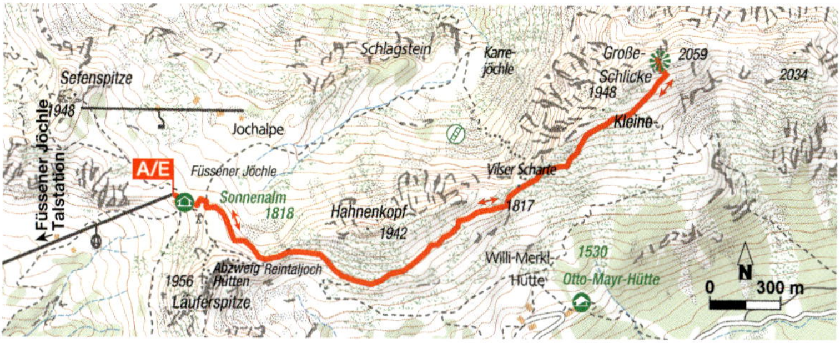

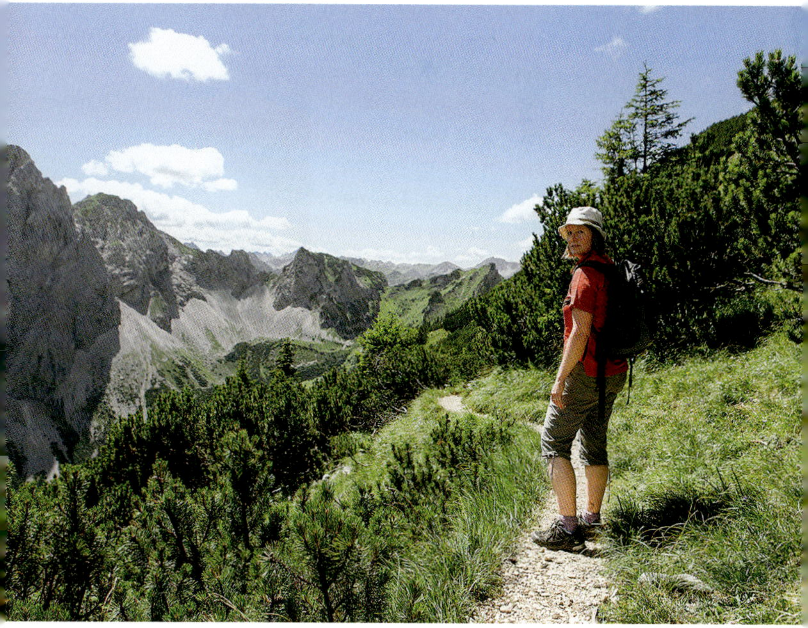

32 Haldensee und Adlerhorst

Die Zwei-Gesichter-Runde bei Grän

Mittel | 8,6 km | 400 Hm | 2.45–3.15 Std.

Tourencharakter: Der Aufstieg zum Adlerhorst lässt sich über den längeren Forstweg entschärfen; sonst einfache Runde mit wechselnden Aussichten.

Ausgangs-/Endpunkt: Parkplatz Grän/Schachenlift (1155 m)

Höchster Punkt: Bereich oberhalb des Adlerhorsts (knapp 1400 m)

Anfahrt: Auto: Von der B 310 bei Oberjoch nach Tannheim abbiegen und der L 199 nach Grän folgen; der Parkplatz befindet sich zwischen der Burgschenke und dem Café Alt Grän. GPS: 47.5028, 10.5567; Bus & Bahn: Ab Pfronten, Oberjoch und Reutte fahren Busse nach Grän.

Einkehr: Am Haldensee; Gasthaus Adlerhorst (Do–Mo ab 9 Uhr)

Karte: AV-Karte 1:25 000, BY 5 Tannheimer Berge

Informationen: www.tannheimertal.at

Unterschiedlicher kann eine Rundwanderung kaum sein. Nachdem wir uns zunächst bei geringen Höhendifferenzen im Tal der Berger Ache bewegen, geht es dann vom Haldensee steil bergan zum Adlerhorst. Zuletzt umgibt uns oberhalb vom Logbach eine wohltuende Ruhe.

Für diese Runde bieten sich verschiedene Startpunkte an. Wir haben uns für Grän entschieden, weil die Parkplätze am Schachenlift auf den Skitourismus ausgelegt sind. Im Sommer sind sie entsprechend seltener belegt als die Parkplätze am Haldensee. Der Zugang zu unserem Wanderweg erfolgt links der Burgschenke. Bei der Gabelung oberhalb des Gasthauses halten wir uns rechts und folgen der Beschilderung über den Angerweg und durch den Wald Richtung Haldensee-Westufer. Sowohl beim Überqueren der L 199 als auch auf der Zufahrt zum Campingplatz ist Umsicht geboten! Wir folgen der Straße an den Parkplätzen vorbei, biegen nach der Strindenbachbrücke links ab und laufen auf dem Seerundweg am Südufer entlang nach Haller, wo wir die Landstraße ein zweites Mal kreuzen. Hier ändert sich der Charakter der Tour. Nachdem

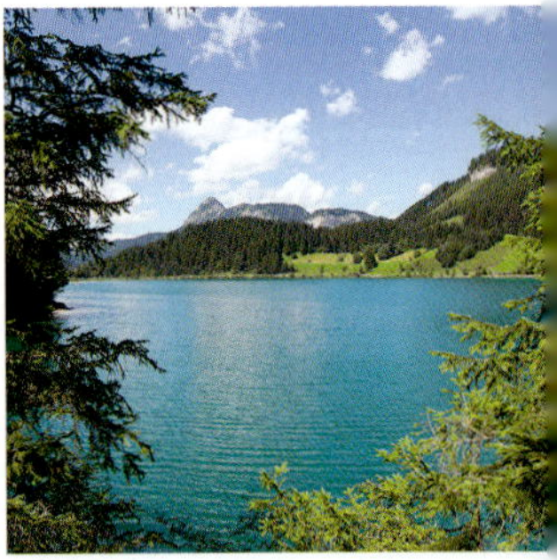

wir bisher auf einfachen Wegen mit nur geringen Steigungen unterwegs waren, geht es auf dem nächsten Abschnitt umso steiler hinauf zum Adlerhorst. Schöner ist die Variante über den als Waldweg angegebenen Pfad. Wer die Steigung entschärfen will, kann alternativ auf dem Forstweg bleiben und damit den etwas längeren Weg nutzen. Für den Rückweg folgen wir anschließend immer den Wegweisern zur Talstation Füssener Jöchle. Nach dem Trubel am See empfängt uns hier eine angenehme Ruhe. So gelangen wir entspannt ins Tal vom Logbach, der uns hinunter zur Talstation begleitet. Die letzten Meter bis zum Ausgangspunkt in Grän eignen sich schließlich bestens zum lockeren Auslaufen.

Wasserwelt Haldensee

Das Freibad der Wasserwelt Haldensee hat von Ende Mai bis Anfang September geöffnet. Ein Höhepunkt des Bads ist die 50 m lange Wasserrutsche.

Linke Seite: Blick vom Südufer auf den Haldensee

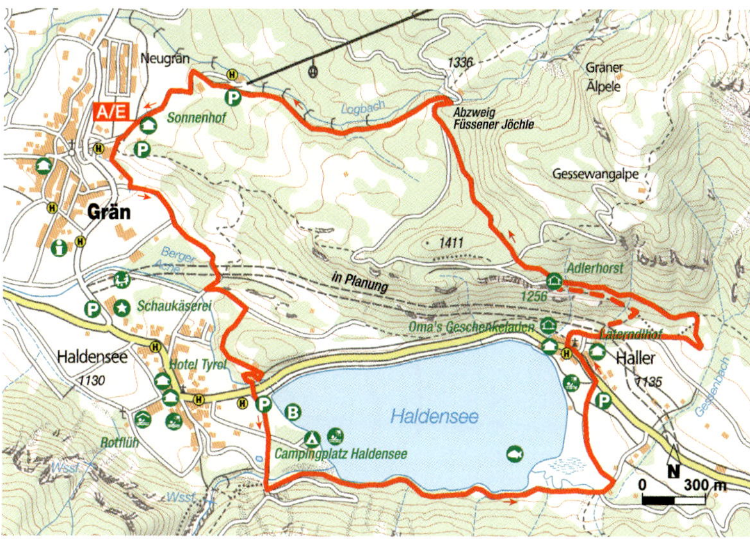

33 Vilsalpsee

Entspannt zum Bergaicht-Wasserfall

Leicht | 7,7 km | 170 Hm | 2.30–3 Std.

Tourencharakter: Technisch anspruchslose Wanderung mit herrlichen Aussichten über den malerisch von Bergen umrahmten Vilsalpsee

Ausgangs-/Endpunkt: Parkplatz Vilsalpsee (1170 m)

Höchster Punkt: Nahe dem Bergaicht-Wasserfall (1280 m)

Anfahrt: Auto: Von der B310 bei Oberjoch nach Tannheim abbiegen oder ab Pfronten über die Achtalstraße und Grän nach Tannheim fahren. Die Zufahrt zum Vilsalpsee ist für Pkws bis 10 Uhr gestattet. GPS: 47.4693, 10.5065; Bus & Bahn: Ab Pfronten, Oberjoch und Reutte fahren Busse nach Tannheim; von dort weiter mit dem Vilsalpseebähnle zum See.

Einkehr: Restaurant Vilsalpsee; Vilsalpe

Karte: AV-Karte 1:25 000, BY 5 Tannheimer Berge

Informationen: www.tannheimertal.at

Ab 10 Uhr ist die Zufahrt durch das Vilstal für Pkws und Motorräder tabu. Da es sich ohnehin um eine Sackgasse handelt, können wir die Sicht auf den Vilsalpsee und das Rundum-Bergpanorama in aller Ruhe genießen.

Am Nordufer des Vilsalpsees herrscht im Sommer reger Betrieb. Während einige Wege zum Radeln und Wandern einladen, locken am Seeufer Liegewiesen zum Verweilen. Auch Ruderboote stehen bereit, mit denen Ausflügler eine Runde über den Gebirgs-

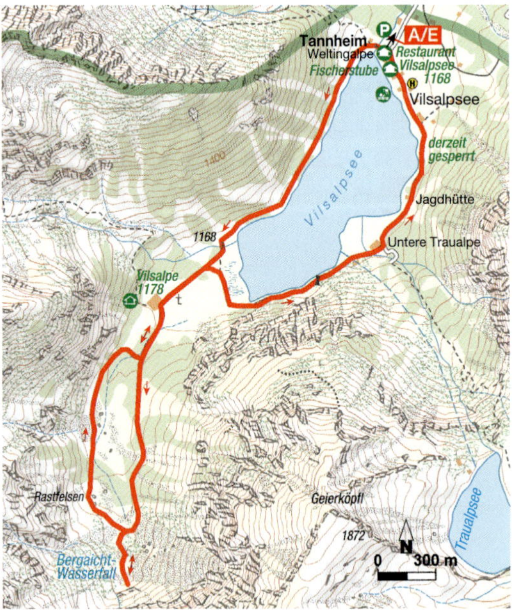

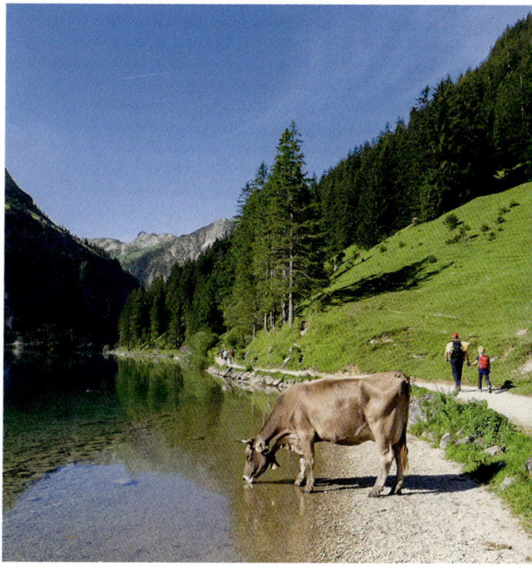

see drehen können. Für unser Ziel halten wir uns beim Wendeplatz des Vilsalpseebähnles rechts. Der Spazierweg führt uns unterhalb des Geißhorns über die Westseite des Sees. Sowie das obere Seeende hinter uns liegt, trennen uns nur noch wenige Meter von der Vilsalpe. Bei dem auch mit Kinderwagen erreichbaren Ausflugslokal beginnt der Aufstieg zum Wasserfall Bergaicht. Wir bleiben auf dem breiten Weg und halten uns nach 300 Metern bei der Verzweigung links. Damit folgen wir dem Bergweg durch mehrere Waldstreifen bis zum Abzweig unterhalb des Wasserfalls. Der Abstecher zum Wasserfall erfolgt über einen Pfad. Teils am Wasser, teils über Felsbrocken geht es nun etwas steiler bergan. Schon bald eröffnen sich uns malerische Aussichten auf die 300 Meter hohe Felswand, über die der Bergaicht-Wasserfall in die Tiefe stürzt. Nach dem Abstecher kehren wir zum letzten Wegweiser zurück, wo wir nun links abbiegen, den Bach überqueren und mehrere abgeflachte Felsen passieren, die sich als Rastplätze eignen. Über den Bergpfad geht es wieder hinunter bis zur Vilsalpe. Am See können wir dann wahlweise den schon bekannten Weg nutzen oder rechts abbiegen und auf der Ostseite des Sees über die Jagdhütte zum Ausgangspunkt zurückkehren.

Die Wege am Vilsalpsee dienen auch Rindern als Zugang zum Wasser.

Bergpfad von der Station Höfatsblick zum Aussichtspunkt der Oberstdorfer Berge

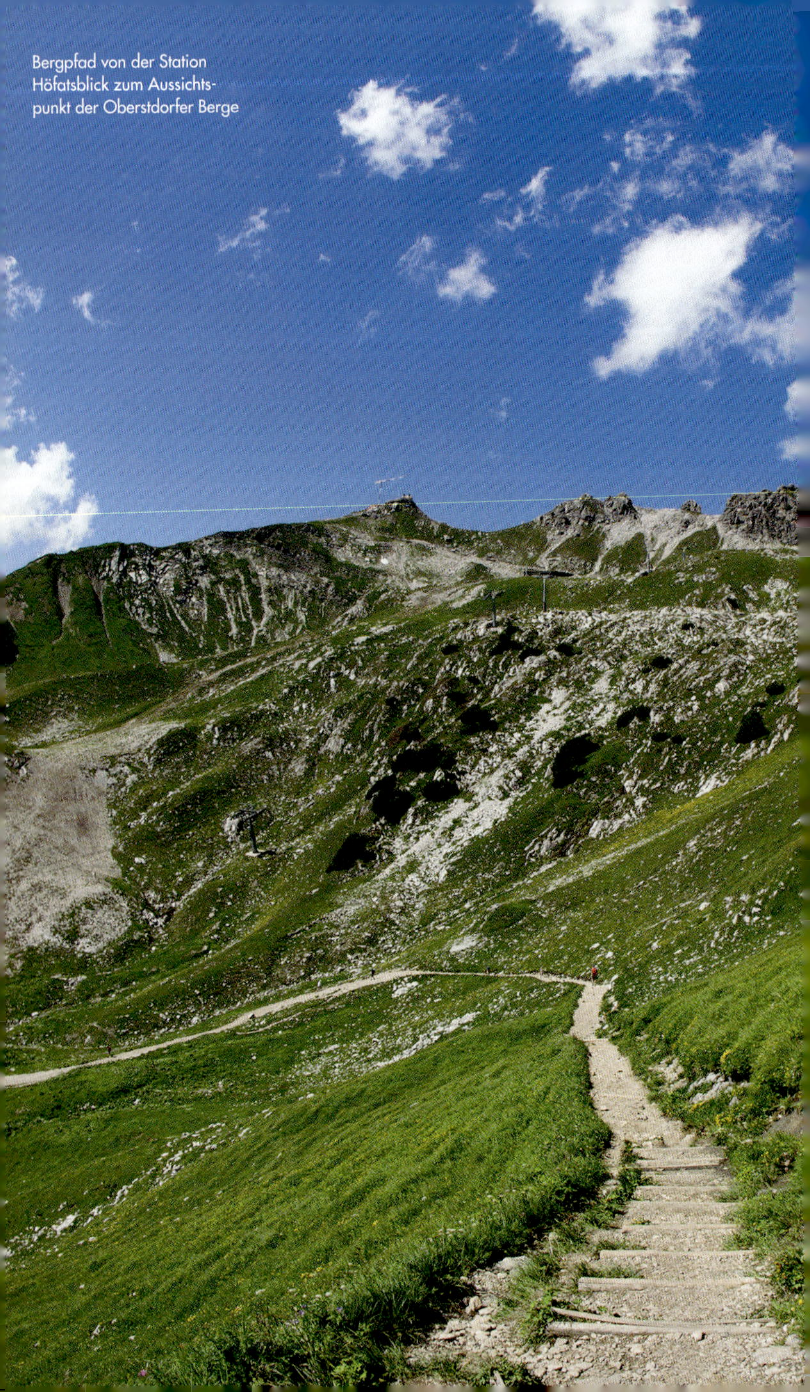

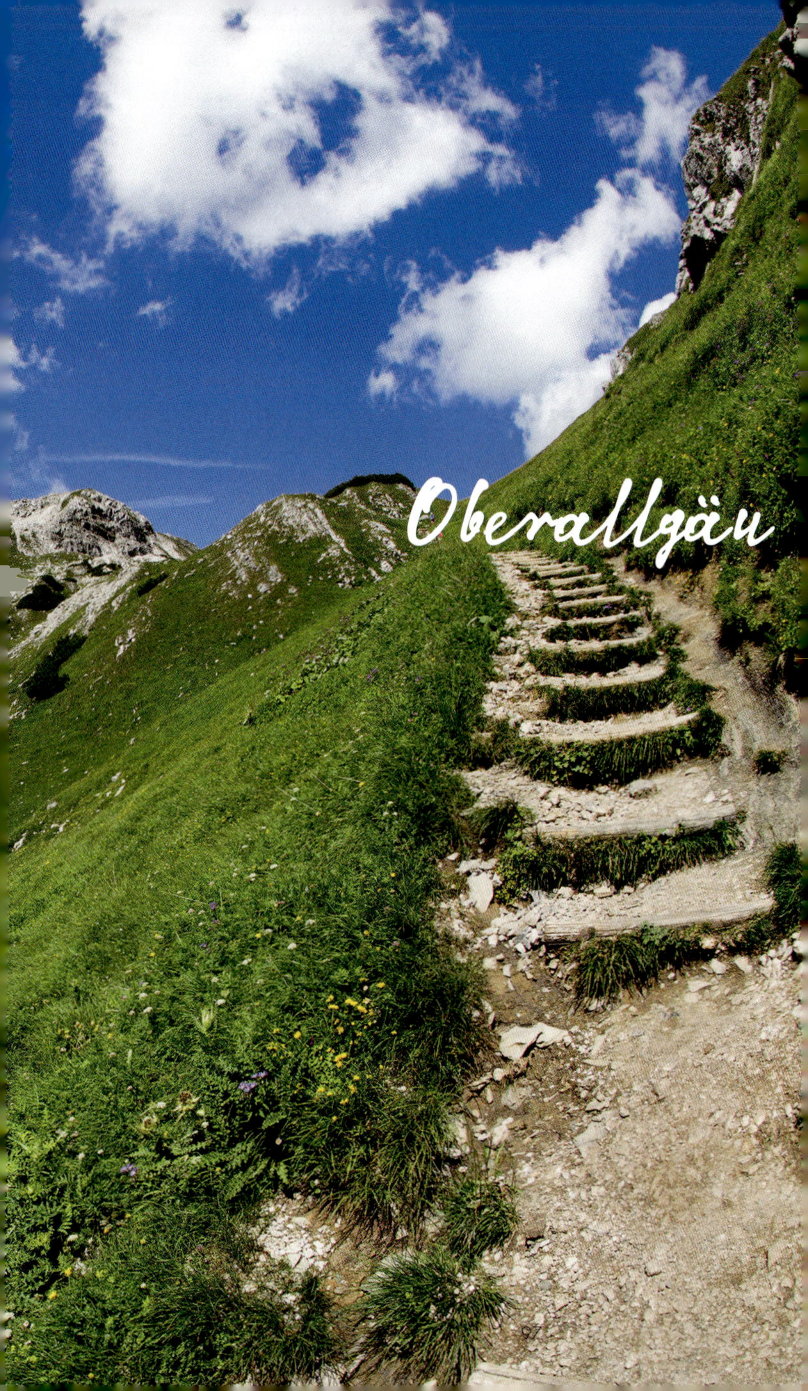

Oberallgäu

34 Starzlachklamm

Wasserspiele am Grünten

Mittel | 3,6 km | 220 Hm | 1.30 Std.

Tourencharakter: Die Klamm ist mit Stegen und Treppen gesichert; der anschließende Abstieg erfordert etwas Trittsicherheit und bietet eine schöne Sicht auf Sonthofen.

Ausgangs-/Endpunkt: Parkplatz Starzlachklamm (795 m)

Höchster Punkt: Berggasthof Alpenblick (990 m)

Anfahrt: Auto: Von der B 19 bei Sonthofen abfahren, weiter über die B 308 und (links ab) auf dem Salzweg nach Winkel; dort der Beschilderung zur Starzlachklamm folgen. GPS: 47.5311, 10.3004; Bus & Bahn: –

Einkehr: Berggasthof Alpenblick; Kiosk bei der Klamm

Karte: AV-Karte 1:25 000, BY 3 Allgäuer Voralpen

Informationen: www.alpsee-gruenten.de

Unterhalb vom Wertacher Hörnle entspringt die Burgberger Starzlach. Der elf Kilometer lange Bach hat in seinem Unterlauf die atemberaubend schöne Starzlachklamm aus dem Fels gewaschen. Die enge Schlucht ist ein kleines Paradies – nicht nur für Wanderer.

Vom Parkplatz der Starzlachklamm geht es die ersten Meter flussaufwärts entlang von Kiesbänken und im Bachbett wachsenden Bäumen zum Eingang der seit 1932 für Besucher zugänglichen Klamm. Zu verdanken haben wir sie tektonischen Bewegungen, durch die eine Felsspalte entstand. Seit Jahrtausen-

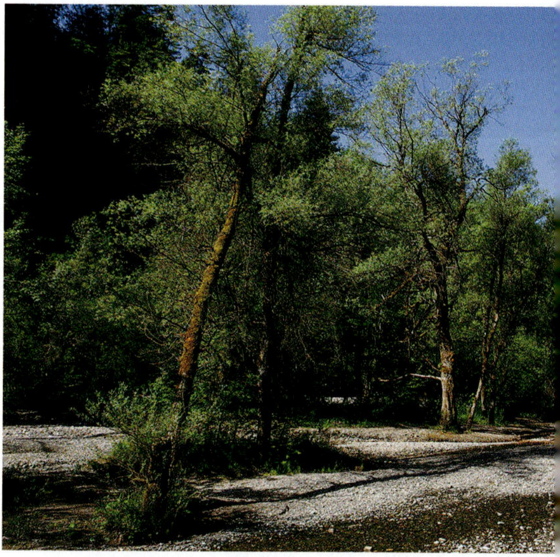

den wird die Spalte von der Starzlach ausgewaschen, sodass sich unterhalb der Felsabstürze kesselförmige Wassermühlen und Wasserrutschen gebildet haben. Durch die Infotafeln bei der Kasse erfahren wir, dass wir uns in einer »Nummulitenfelsklamm« bewegen. Der Begriff leitet sich von »nummus«, der Münze, ab und steht für münzförmige Tierreste mit Kalkschalen, die bei der Auffaltung der Alpen im Meeresboden versanken. Die hier bekannteste Art ist die nach Sonthofen benannte Krabbe Xanthopsis sonthofenensis. Auch deshalb gilt die Starzlachklamm als das bedeutendste Naturdenkmal Sonthofens. Wenn wir unseren Blick von einer der Brücken oder beim Aussichtspunkt über die Klamm schweifen lassen, werden wir dem gerne zustimmen. Vom oberen Ende der Klamm folgen wir dem Weg erst durch Wald, dann über eine Wiese zur Alpe Topfen und zum Gasthof Alpenblick. Für den Rückweg biegen wir links auf die Zufahrtsstraße ab. Sowie wir den Parkplatz Auf dem Ried passiert haben, zweigt links ein rot markierter Wanderweg Richtung Parkplatz Winkel ab. Erneut durch Wald und über eine Wiese mit Blick auf Sonthofen geht es auf diesem Weg teils steil bergab zum Parkplatz unterhalb der Klamm.

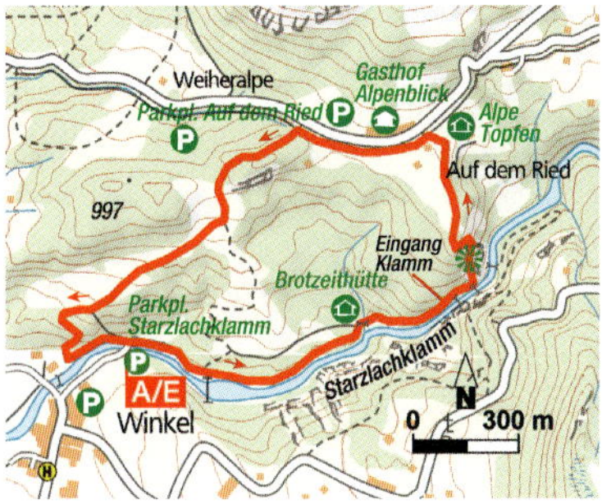

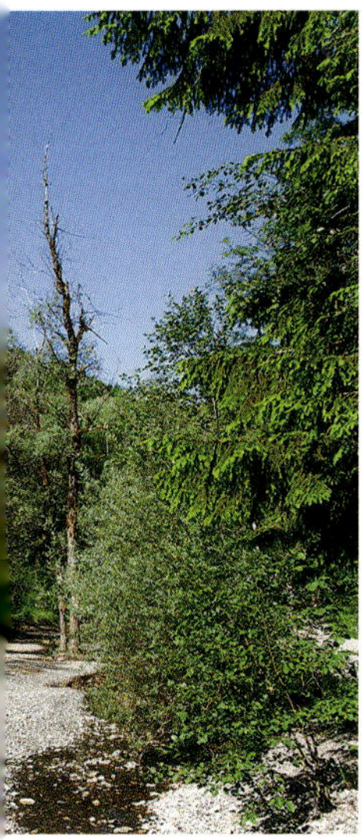

Unterhalb der Klamm hat die Starzlach eine idyllische Auenlandschaft geschaffen.

35 Imberger Horn

Abstieg über den Burgschrofen

Mittel | 5,7 km | ↑ 80 Hm ↓ 600 Hm | 2 Std.

Tourencharakter: Bis zum Burgschrofen ist der Weg auch für Kinderwagen geeignet. Im oberen Abstieg erfordern mehrere Passagen griffiges Schuhwerk.

Ausgangspunkt: Bergstation Hornbahn (1315 m)

Endpunkt: Talstation Hornbahn (800 m)

Höchster Punkt: Oberhalb des Burgschrofen (1330 m)

Anfahrt: Auto: Von der B 19 bei Sonthofen auf die Östliche Alpenstraße/B 308 nach Bad Hindelang abfahren und der Beschilderung zur Hornbahn folgen.
GPS: 47.5007, 10.3663;
Bus & Bahn: Es bestehen Busverbindungen zum Busbahnhof in Bad Hindelang. Der Zugang zur Tour erfolgt über die Alpgasse.

Einkehr: Berggasthaus Zum Oberen Horn; schöner Rastplatz am Burgschrofen

Karte: AV-Karte 1:25 000, BY 3 Allgäuer Voralpen

Informationen: www.badhindelang.de

Ab der Bergstation der Hornbahn bieten sich mehrere leichte Wanderungen an. Am einfachsten ist der Spaziergang über den Burgschrofen-Rundweg. Doch auch der Abstieg ins idyllische Ostrachtal stellt nur geringe Anforderungen.

Direkt bei der Bergstation der Hornbahn lädt das Berggasthaus Zum Oberen Horn mit seiner aussichtsreichen Terrasse zum Verweilen ein. Allein wegen der schönen Aussicht über das Ostrachtal sowie zu den Bergen rund um Oberjoch kommen zahlreiche Gäste hier heraufgefahren. Mit diesen ersten schönen Eindrücken – und nach dem Studium der vielen Wegweiser – folgen wir der Beschilderung zum Aussichtspunkt Burgschrofen. Auf den ersten Metern müssen wir uns den

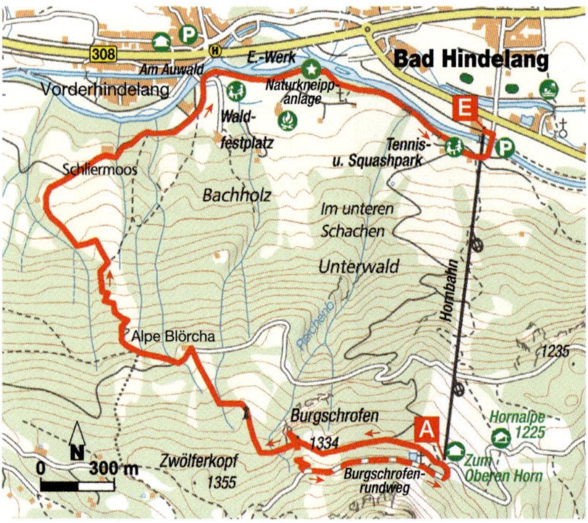

Weg mit den Mountainbikern teilen, die hier zu ihrer waghalsigen Abfahrt über den »Course Black« starten. Beim Wegweiser »Burgschrofen-Rundweg« trennen sich zum Glück die Wege, sodass wir uns nun ganz dem Natur- und Landschaftsgenuss widmen können. Beim Burgschrofen angekommen, liegt uns erneut das Ostrachtal zu Füßen. Die Sicht reicht von Sonthofen im Westen bis zur Passhöhe bei Oberjoch.

Bike-Park Hornbahn Hindelang

Der Bike-Park bietet Mountainbikern zwei ausgewiesene Routen und einen Parcours. Bei den Abfahrten wird ein Höhenunterschied von 520 m überwunden.

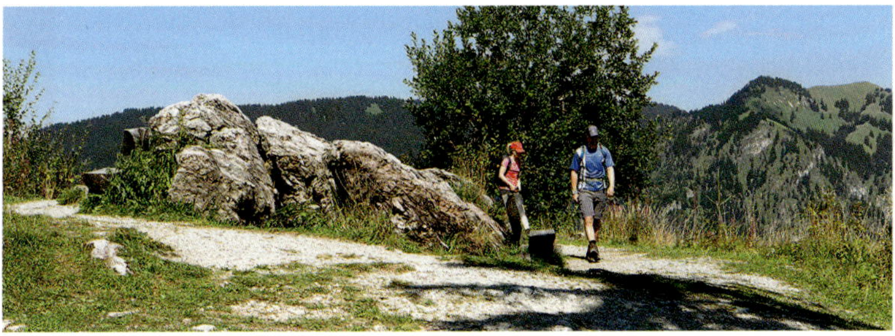

Beim Burgschrofen

Es ist der perfekte Fleck für eine ausgiebige Pause. Wer es bei einer kurzen Runde belassen möchte, bleibt anschließend auf dem Burgschrofen-Rundweg – in diesem Fall geht es über die Nordseite des Horns zurück zur Bergstation. Alle anderen biegen oberhalb vom Aussichtspunkt rechts zur Blörchaalpe ab. Bei Nässe ist hier Vorsicht geboten – bis zur Blörchaalpe erfolgt der Abstieg über einen abschüssigen Bergpfad! Der weitere Abstieg über das Schliermoos nach Vorderhindelang erfolgt auf einem Forstweg. Beim Wegweiser »Am Auwald« treffen wir auf die Ostrach. Vom Endpunkt bei der Talstation trennt uns damit nur noch ein lockerer Spaziergang.

36 Bärgündeletal

Kleinod zwischen Giebel und Himmeleck

Mittel | 8,5 km | 400 Hm | 3 Std.

Tourencharakter: Bis zur Pointhütte verläuft die Wanderung auf der asphaltierten Straße; die Schleife zur Bärgündelealpe führt über Bergpfade, die etwas Trittsicherheit voraussetzen.

Ausgangs-/Endpunkt: Giebelhaus (1065 m)

Höchster Punkt: Pointhütte (1325 m)

Anfahrt: Auto: Ab Sonthofen über die Östliche Alpenstraße/B 308 nach Bad Hindelang und weiter über die OA 28 nach Hinterstein, ab dort mit dem Giebelhausbus zum Giebelhaus. GPS: 47.4745, 10.416 (Hinterstein); Bus & Bahn: Ab Bad Hindelang fährt die Buslinie 9749 zur Haltestelle »Grüner Hut« in Hinterstein.

Einkehr: Bärgündelealpe; Giebelhaus

Karte: AV-Karte 1:25 000, BY 3 Allgäuer Voralpen

Informationen: www.badhindelang.de; www.wechs.net/busverkehr/

Die Straße zum Giebelhaus ist für Pkws und Motorräder tabu. Wer hier hinwill und keine Lust aufs Fahrrad hat, ist auf den Bus angewiesen. Dadurch herrscht auf den Wanderwegen ab dem Giebelhaus deutlich weniger Betrieb als in den Tälern bei Oberstdorf.

Nachdem wir bei der Anfahrt erste Aus- und Tiefblicke genossen haben, erwarten uns beim Giebelhaus verschiedene Wandermöglichkeiten. Neben den auf dieser Höhe erwarteten schweren Bergtouren – etwa auf den Großen Daumen oder zum Hochvogel – stehen auch mehrere leichte Touren zur Auswahl. So trennt uns von hier z. B. nur ein halbstündiger Spaziergang von der Engeratsgundalpe im Obertal. Wir indes wählen bei dieser Tour den Weg ins Bärgündeletal. Damit folgen wir der Beschilderung über die Fußbrücke – hier vereinen sich der Obertalbach und der Bärgündelesbach zur Ostrach – und laufen auf dem Fahrweg zum Täschlefall. Oberhalb vom Wegweiser »Sausteig« sollten wir uns ruhig verhalten, denn so lassen sich auf dem Hang vor uns am ehesten Murmeltiere beobachten. Zudem öffnet sich hier die Sicht rechts zur Bergkette mit Giebel und Salober sowie dem Wiedemerkopf vor uns. Wo links ein Pfad zur Bärgündelealpe abzweigt, bleiben wir zunächst auf dem Fahrweg. So kom-

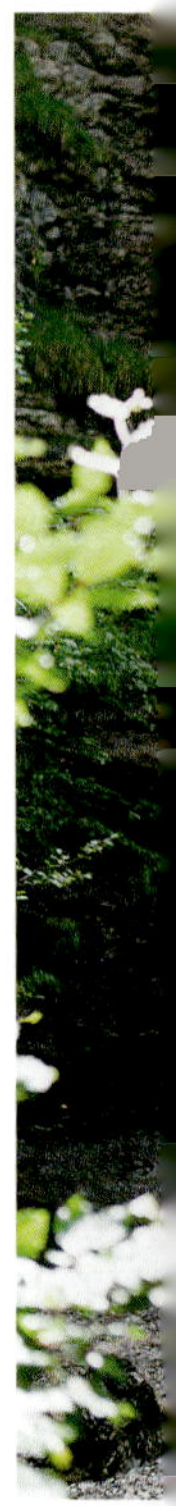

men wir bequem zur Pointhütte, wo sich eine weitere Aussicht nach Süden zum Bergzug zwischen dem Vorderen Wilden und dem Großen Wilden öffnet. Von der Pointhütte kehren wir zum letzten Wegweiser zurück, wo wir auf den Bergpfad zur Bärgündelealpe wechseln. Der Weg dorthin führt über den Stierbach und an einem kleinen, idyllischen Wasserfall vorbei. Für den Rückweg nutzen wir den Pfad zum unteren Wasserfall. Nachdem wir den Bärgündelesbach gekreuzt haben, stoßen wir wieder auf den Fahrweg, auf dem wir zum Giebelhaus zurückwandern.

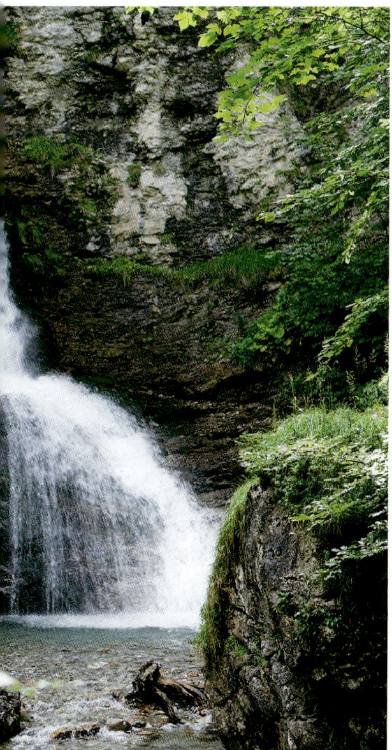

Nahe der Bärgündelealpe rauschen mehrere kleine Wasserfälle in die Tiefe.

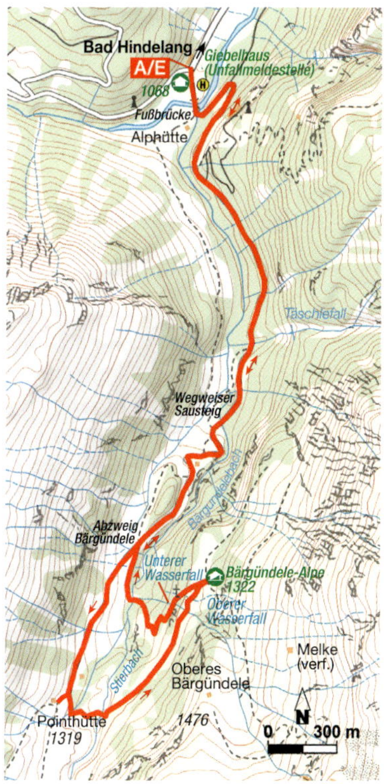

37 Nebelhorn – Laufbichelsee

Auf der Sonnenseite der Daumengruppe

Schwer | 7,8 km | 500 Hm | 5–6 Std.

Tourencharakter: Nach dem ersten Aufstieg folgen Mini-Steigungen über Felsen und Geröll. Für die Tour bis zum Engeratsgundsee bis zu 2 Std. zusätzlich einplanen.

Ausgangs-/Endpunkt: Bergstation Höfatsblick (1930 m) der Nebelhornbahn/Oberstdorf

Höchster Punkt: Oberhalb des Laufbichelsees (2028 m)

Anfahrt: Auto: Von der B 19 bei Oberstdorf abfahren und der Beschilderung zur Nebelhornbahn folgen. GPS: 47.4045, 10.2870; Bus & Bahn: Ab dem Bahnhof Oberstdorf fährt die Buslinie 9000 zur Haltestelle »Nebelhornbahn«.

Bergbahn: Die Nebelhornbahn www.ok-bergbahnen.com wird zur Saison 2021 auf Umlaufbahn umgestellt.

Einkehr: Unterwegs keine; bei der Bergstation Höfatsblick

Karte: AV-Karte 1:25 000, BY 4 Allgäuer Hochalpen

Informationen: www.oberstdorf.de

Der Höhenweg zum Laufbichelsee zählt zu den Wanderungen, die am Nebelhorn gern unterschätzt werden. Auf der kurzen Strecke sind etliche, oft winzige Steigungen zu meistern. Als Lohn eröffnen sich uns dafür herrliche Aussichten zur Bergkette der Daumengruppe.

Ab der Bergstation Höfatsblick der Nebelhornbahn ist die Strecke bis zum Laufbichelsee mit dem roten Steinmännle-Signet der »Himmelsstürmer«-Route markiert. Damit folgen wir den Wegweisern in Richtung Großer Daumen (übers Koblat). Sowie wir den Koblatlift unterquert haben, geht es über eine Kehre hinauf zum Aussichtspunkt mit Blick auf die Oberstdorfer Berge. Hier lohnt es sich, innezuhalten und den Blick über das sagenhafte Bergpanorama schweifen zu lassen. Bei der Anhöhe führt ein Steilpfad hoch zum Nebelhorn und zum Hindelanger Klettersteig. Dieser ist auch schön, übersteigt aber die Anforderungen dieses Wanderführers bei Weitem! Stattdessen verlassen wir die Anhöhe in nordöstlicher Richtung und folgen dem rot markierten Bergweg nun in Richtung Engeratsgundsee. Es folgen zahlreiche kleine Steigungen und auch Geröllstrecken, die nur ein langsames Vorankommen erlauben. Die Aussicht auf die Berge direkt nördlich von uns entschädigt uns jedoch reichlich. Wer genau hinsieht, kann auf den weiter oben gelegenen Schneefeldern eventuell Gämse beobachten. Nachdem wir eine an warmen Tagen beliebte Wasserstelle passiert haben, kommen wir übers Koblat zum

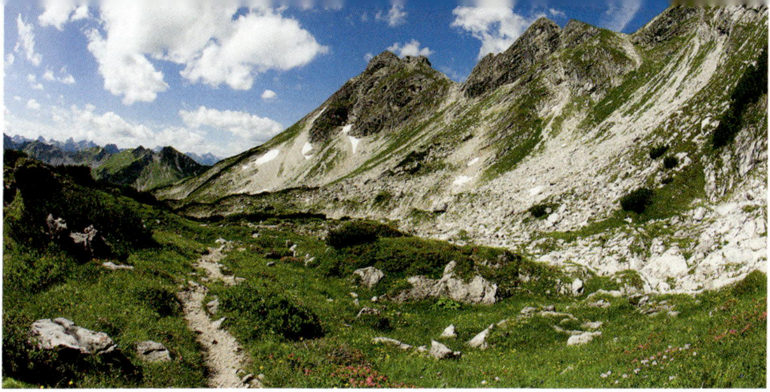

malerisch gelegenen Koblatsee. Von dort ist es noch ein kurzer Abschnitt zum ebenfalls wunderschönen Laufbichelsee. Wer noch genug Kraftreserven übrig hat, kann die Tour bis zum Engeratsgundsee verlängern. Ansonsten empfehlen wir, nach einer gemütlichen Rast hier umzukehren und sich für den Rückweg mehr Zeit zu lassen.

Südlich der Daumengruppe führt uns der Bergpfad zum Laufbichelsee in eine Bilderbuchlandschaft.

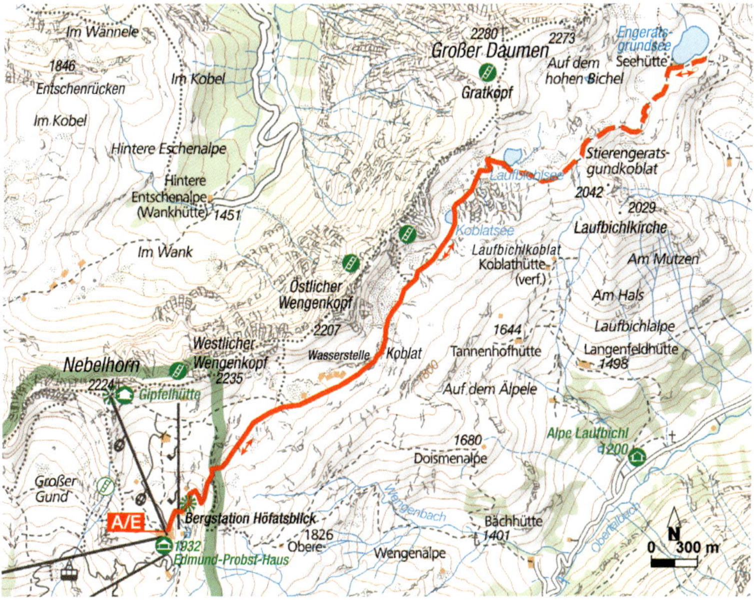

38 Faltenbachtobel

Spritzig-frischer Aufstieg zur Seealpe

Mittel	9,2 km	600 Hm	3.30–4.30 Std.

Tourencharakter: Der Aufstieg über den Tobelweg ist mit Drahtseilen und Treppen gesichert. Der Rückweg erfolgt weitgehend über die wenig befahrene Zufahrt zur Mittelstation und zur Seealpe.

Ausgangs-/Endpunkt: Eissportzentrum Oberstdorf (825 m)

Höchster Punkt: Oberhalb der Vorderen Sennalpe (1365 m)

Anfahrt: Auto: Von der B 19 bei Oberstdorf abfahren und der Beschilderung zur Nebelhornbahn bis zum Eissportzentrum folgen. GPS: 47.4045, 10.2870; Bus & Bahn: Ab dem Bahnhof Oberstdorf fährt die Buslinie 9000 zur Haltestelle »Eissportzentrum«.

Einkehr: Gasthof Seealpe; Vordere Seealpe; in Oberstdorf

Karte: AV-Karte 1:25 000, BY 4 Allgäuer Hochalpen

Informationen: www.oberstdorf.de

Der Weg durch den Faltenbachtobel wird als wildromantisch, als eindrucksvoll und ganz allgemein als schön beschrieben. All dies trifft zu. Griffiges Schuhwerk vorausgesetzt, können wir uns auf eine tolle Wanderung hoch zur Mittelstation der Nebelhornbahn freuen.

Ab dem Eissportzentrum von Oberstdorf folgen wir der Beschilderung zunächst über den Faltenbach und auf der Schanzenstraße an den Schattenbergschanzen vorbei. Wo die Straße oberhalb vom Stadion scharf nach links abknickt, haben wir den Einstieg in den Tobelweg erreicht. Der Aufstieg geht ganz gut in die Beine, verwöhnt uns aber auch mit einer Fülle von Eindrücken. So passieren wir schon bald einen ersten Wasserfall. Zugleich lohnt sich der Blick an den Wegrand, wo einige seltene Pflanzen und Tiere wie der Alpensalamander einen für sie geeigneten Lebensraum gefunden haben. An etlichen, teils winzigen Kaskaden und Becken vorbei folgen wir dem Tobelweg zum oberen, größeren Wasserfall. Die starke Verbauung lässt klar erkennen, mit welcher Wucht das Wasser sonst zu Tal poltern würde. Oberhalb der luftigen Treppenkonstruktion folgt eine etwas flachere Passage, ehe wir bei einer weiteren mächtigen Verbauung den Faltenbach ein letztes Mal überqueren und über einen Bergpfad zurück auf die Schanzenstraße gelangen. Für den weiteren Aufstieg zweigen wir sogleich wieder links von der Straße ab und nutzen den rot markierten Bergweg hinauf zur Seealpe. Bei dem hübsch gelegenen Berggasthof bietet es sich an, die Tour mit dem Themenweg »Uff d'r Alp« zu ergänzen. Ansonsten können wir uns auch gleich wieder an den Abstieg machen, für den sich die leicht zu laufende Schanzenstraße anbietet. Noch einfacher geht es hinab mit der Nebelhornbahn, die auf der Seealpe ihre Mittelstation hat.

Eine der Stationen am Themenweg »Uff d'r Alp«

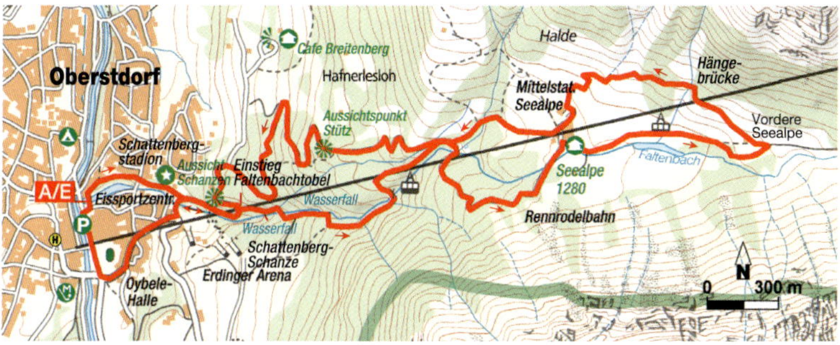

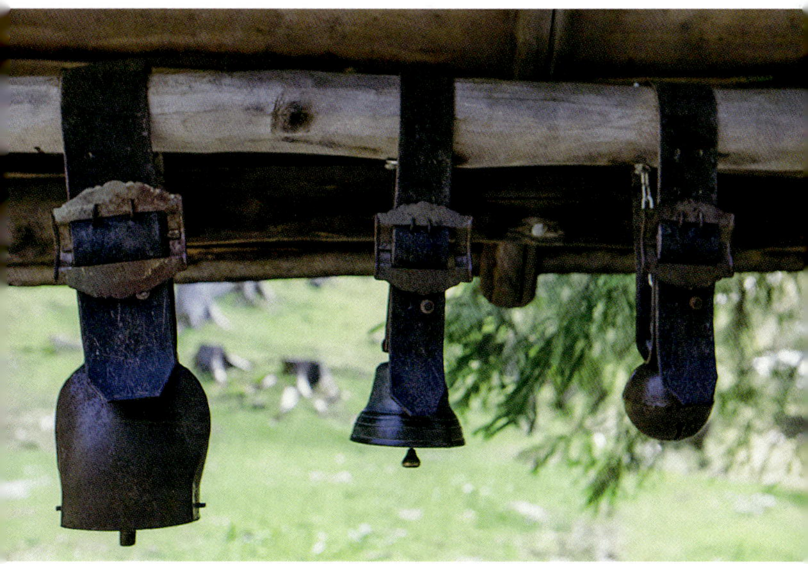

39 Von Oberstdorf ins Oytal

Wildromantische Talwanderung für die ganze Familie

Leicht | 10,3 km | 250 Hm | 3–4 Std.

Tourencharakter: Technisch anspruchslose Talwanderung auf breiten Wegen, die auch für Kinderwagen geeignet sind; reizvolle Ausblicke

Ausgangs-/Endpunkt: Mühlenbrücke/Wasserkraftwerk Faltenbach in Oberstdorf (829 m)

Höchster Punkt: Oytalhaus (1019 m)

Anfahrt: Auto: Von der B 19 bei Oberstdorf abfahren und der Beschilderung zur Nebelhornbahn folgen. Das Wasserkraftwerk befindet sich wenige Meter weiter flussaufwärts. GPS: 47.4045, 10.2870; Bus & Bahn: Ab dem Bahnhof Oberstdorf fährt die Buslinie 9000 zur Haltestelle »Mühlenbrücke«.

Einkehr: Café Jägerstand; Berggasthof Oytalhaus; in Oberstdorf

Karte: AV-Karte 1:25 000, BY 4 Allgäuer Hochalpen

Informationen: www.oberstdorf.de

Die Wanderung zum Oytalhaus verwöhnt Wanderer mit einer beeindruckenden Talkulisse. Im Osten wird diese von den Grasflanken und schroffen Felsgipfeln von Rotkopf, Schneck und Himmelhorn majestätisch umrahmt. Als i-Tüpfelchen gibt es einen der höchsten Wasserfälle Deutschlands zu bewundern.

Das Oytal ist bei Wanderern wie auch bei E-Bikern und Radfahrern gleichermaßen beliebt, weshalb insbesondere an sonnigen Wochenenden gegenseitige Rücksichtnahme geboten ist. Dann aber steht einem gelungenen Wandertag nichts mehr im Wege. Als Einstiegspunkt haben wir die Mühlenbrücke beim Wasserkraftwerk Faltenbach gewählt. Für den ersten Abschnitt laufen wir zunächst der Trettach entgegen. Nachdem wir das Café Jägerstand passiert haben, gelangen wir über den Grubenweg zum Abzweig

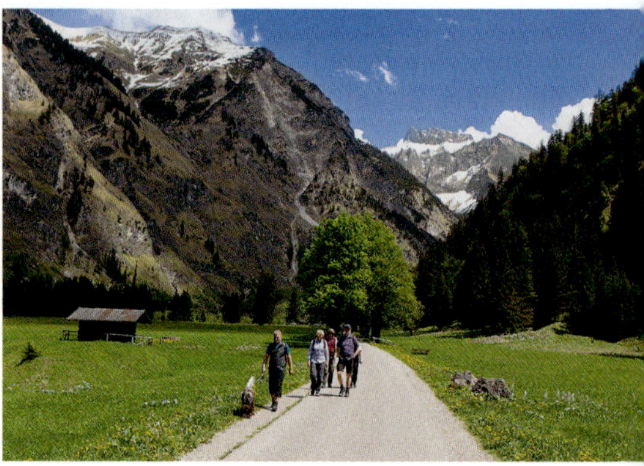

ins Oytal. Hier biegen wir links ab und folgen dem auch als »Himmelsstürmer« ausgewiesenen Wanderweg ins Oytal. Der nächste Abschnitt erfolgt auf dem Dr.-Hohennade-Weg, der trotz seiner Kennzeichnung als Bergweg selbst mit Kinderwagen gut zu meistern ist. Nach 3,5 Kilometern ab dem Start mündet der Weg in die asphaltierte Oytalstraße. Rechts ab können wir dieser bis zum Oytalhaus folgen. Schöner – und auch ruhiger – jedoch finden wir es, noch vor der urigen Ahornallee auf den Wiesenweg abzuzweigen und den Berggasthof über eine Schlaufe entlang des Oybachs anzusteuern. Diese Variante führt uns etwas näher an den Seebach-Wasserfall heran, der über mehrere Stufen 300 Meter in die Tiefe stürzt. Der Rückweg nach Oberstdorf erfolgt anschließend über die Oytalstraße. Beim Wegweiser »Kühberg« können wir wahlweise weiter die Straße nutzen oder – schöner – links auf den Pfad nach Oberstdorf-Oybele abzweigen.

Mit Schwung durchs Tal

Bei trockenem Wetter stehen beim Oytalhaus ab 15 Uhr Bergroller zum Verleih. Die Abfahrt ist eine bequeme Abwechslung zum Wandern und ein Spaß für Groß und Klein.

Linke Seite: Auf technisch anspruchslosen Wegen geht es vom Trettachtal in das Oytal.

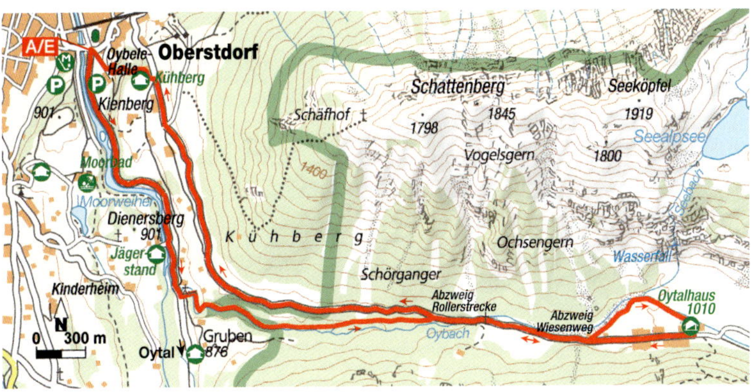

40 Christlessee

Ganzjahrestour durchs Trettachtal

Leicht | 10,1 km | 150 Hm | 3–3.30 Std.

Tourencharakter: Sehr leichte Wanderung auf breiten Wegen ins Trettachtal; tolle Ausblicke zu den umliegenden Bergkämmen

Ausgangs-/Endpunkt: Mühlenbrücke in Oberstdorf (829 m)

Höchster Punkt: Christlessee (930 m)

Anfahrt: Auto: Von der B 19 Kempten–Oberstdorf bei Oberstdorf abfahren und der Beschilderung zur Nebelhornbahn folgen. Das Wasserkraftwerk befindet sich wenige Meter weiter flussaufwärts. GPS: 47.4045, 10.2870; Bus & Bahn: Ab dem Bahnhof Oberstdorf fährt die Buslinie 9000 zur Haltestelle »Mühlenbrücke«.

Einkehr: Café Jägerstand; Café vom Landhotel Gruben; Berggasthof Riefenkopf; Mumme-Stüble; Café-Restaurant Christlessee

Karte: AV-Karte 1:25 000, BY 4 Allgäuer Hochalpen

Informationen: www.oberstdorf.de

Den Christlessee sollten sich Winterwanderer gut merken. Das Wasser ist so warm, dass der See nicht mal bei längeren Frostperioden mit zweistelligen Minusgraden gefriert. Umgekehrt eignet er sich nicht einmal im Hochsommer zum Baden.

Wie bei der Tour 39 starten wir auch hier bei der Mühlenbrücke nahe der Talstation der Nebelhornbahn. Auf den ersten Metern geben Lücken im Ufergehölz den Blick auf die Trettach frei, während links von uns die Gebirgskette mit Rubihorn, Geißfuß und Nebelhorn das Panorama bestimmt. Nachdem wir das Café Jägerstand passiert haben, lassen wir den Abzweig ins Oytal links liegen und folgen dem Wander- und Radweg weiter leicht bergan ins Trettachtal. Sowie wir den nächsten Waldstreifen durchquert haben und uns dem Landhotel Guben nähern, genießen wir einen schönen Blick auf Kegelkopf, Hieleskköpfle, Fürschießer und Kratzer links von uns. Rechts von uns komplettieren Himmelschrofen, Vorderer und Hinterer Wildengundkopf, Schmalhorn und Wildengundkopf das malerische Bergpanorama. Direkt vor uns thront schließlich die auch als »Allgäuer Matterhorn« bekannte

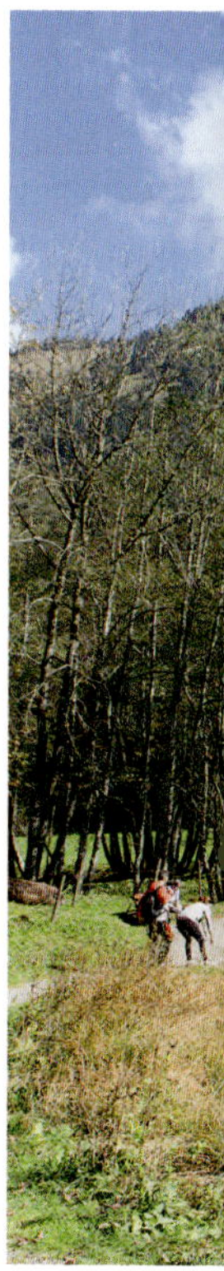

Trettachspitze über all den vorgenannten Gipfeln. Nach den wenigen Häusern von Dietersberg überqueren wir erst die Brücke über den Dietersbach und – rechts ab – gleich im Anschluss auch die Brücke über die Trettach. Unser Ziel befindet sich in Sichtweite zum beliebten Ausflugslokal Christlessee. Der kleine See ist mit mehreren tief gelegenen Höhlen verbunden. Durch das aufsteigende Wasser bleibt die Temperatur das ganze Jahr über konstant bei 4–6 °C. Dadurch ist der See im Sommer eiskalt – und im Winter eisfrei. Der Rückweg erfolgt auf derselben Route.

Wer genau hinsieht, findet im Christlessee Baumstämme, die eine Lawine vor über 100 Jahren hierher verfrachtet hat.

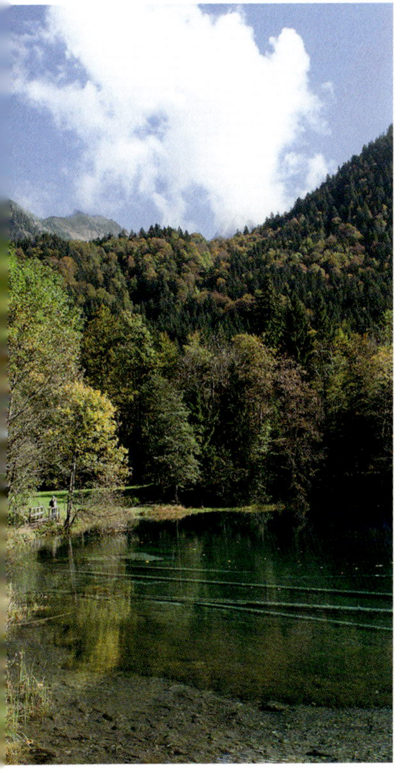

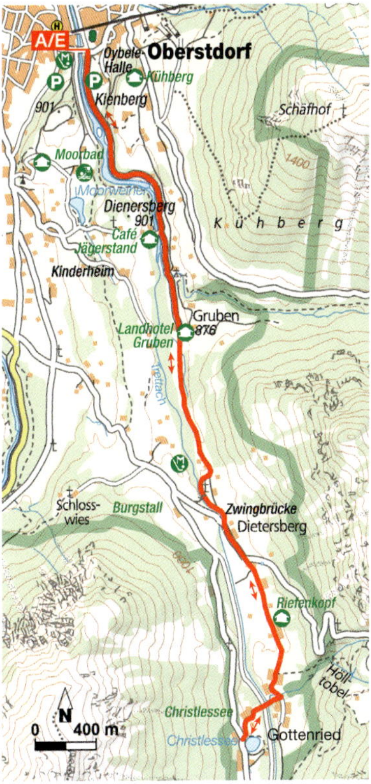

41 Breitachklamm

Einzigartige Schlucht bei Tiefenbach

Leicht | 10,3 km | 300 Hm | 4 Std.

Tourencharakter: Die Breitachklamm ist mit Brücken und Geländern bestens gesichert. Der Aufstieg zur Fuchslochalpe erfordert einen kurzen Kraftakt, ansonsten geht's über breite Wege mit geringen Steigungen.

Ausgangs-/Endpunkt: Infocenter Breitachklamm bei Tiefenbach (830 m)

Höchster Punkt: Sesselweg (1060 m)

Anfahrt: Auto: Von der B 19 Kempten–Oberstdorf kurz vor Oberstdorf abfahren und der Beschilderung zur Breitachklamm folgen – Achtung, die Parkplätze füllen sich oft rasch.
GPS: 47.4026, 10.2292;
Bus & Bahn: Ab dem Bahnhof Oberstdorf fährt die Buslinie 9744 zur Haltestelle »Breitachklamm«.

Einkehr: Müllers Alpe; Waldhaus

Karte: AV-Karte 1:25 000, BY 2 Kleinwalsertal

Informationen:
www.breitachklamm.de;
www.breitachklamm.com

»Kein Teufelswerk, sondern göttliche Schöpfung!« Nach dieser für seine Zeit gewagten Erkenntnis betrieb Pfarrer Johannes Schiebel 1904 die Erschließung der Breitachklamm. Ein Jahr später verzückte die Schlucht ihre ersten Besucher. Diese Begeisterung ist bis heute geblieben.

Die Breitachklamm zählt zu den wenigen Zielen im Allgäu, die sich auch an regnerischen Tagen lohnen. Ein früher Start ist dennoch ratsam, da sich die Parkflächen bei Tiefenbach selbst unter der Woche oft rasch füllen.
Vom Infocenter mit dem unteren Kassenhaus führt ein bestens angelegter Spazierweg zum unteren Zugang der Breitachklamm. Bei Nässe sind hier regelmäßig Alpensalamander anzutreffen. Da die seltenen und streng geschützten Tiere ebenfalls den Weg nutzen, ist Vorsicht geboten.
Nach 10 Minuten durchlaufen wir einen winzigen Tunnel mit dem Porträt von Johann Schiebel und einer stark zerklüfteten Felswand auf der anderen Seite. Ein kurzes Stück weiter verläuft der Weg erstmals unter einer überstehenden Felswand. Das Bachbett wird nun zusehends enger, die Breitach wilder. Hier tauchen wir ein in die faszinierende Welt aus wild sprudelndem Wasser und Gestein. In der Enge lohnt es sich, langsam zu gehen und den Blick immer wieder in alle Richtungen schweifen zu lassen. Etliche kleine Kaskaden, gurgelnde Löcher und ausgespülte Felswände – dazwischen hängengebliebene Baumstämme – halten uns in Atem.

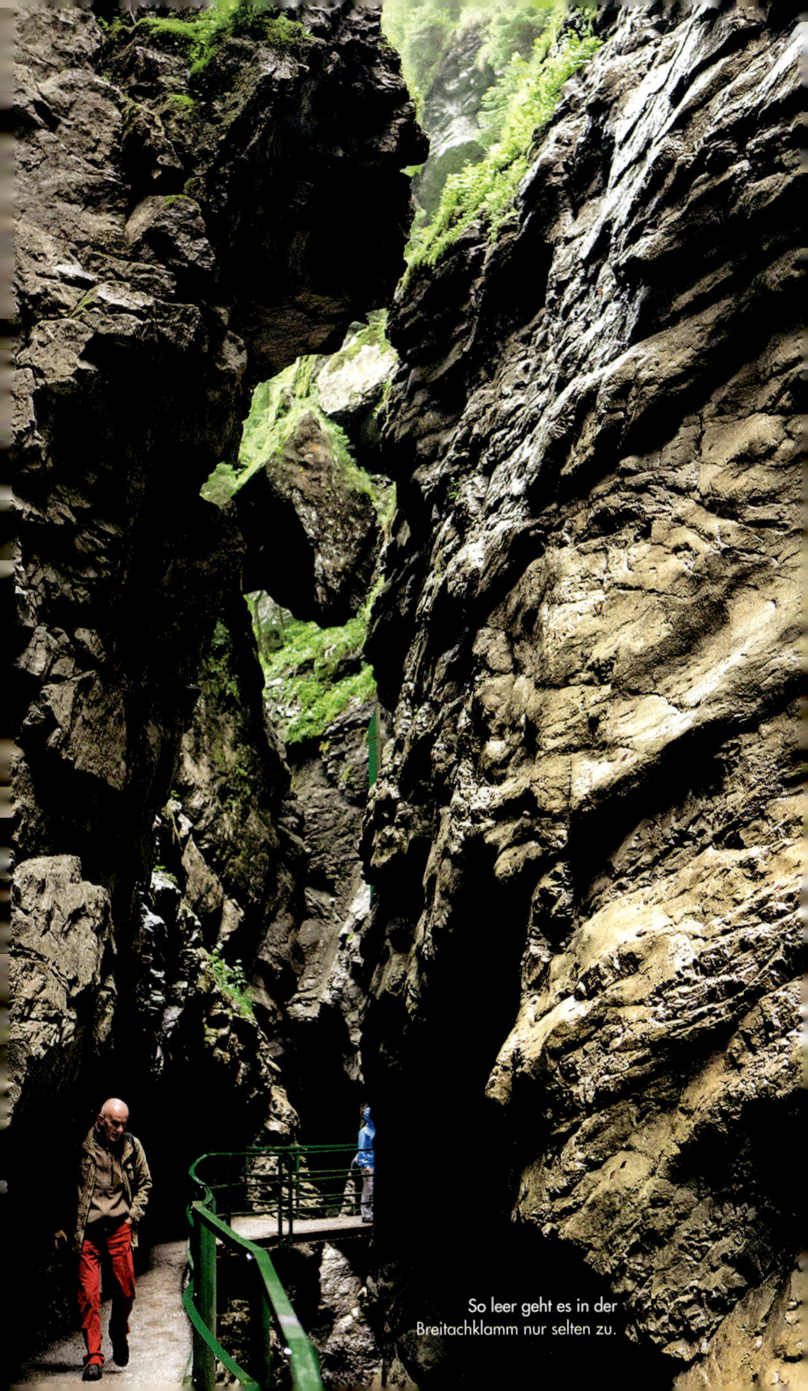

So leer geht es in der
Breitachklamm nur selten zu.

Breitachklamm

Die Entstehung der Breitachklamm geht auf die letzte Eiszeit zurück. Als der Breitachgletscher das weichere Gestein abgetragen hatte, musste sich das Schmelzwasser neue Wege suchen. Dabei schnitt sich die Breitach bis zu 150 m tief in den Fels.

Über die Brücke mit dem Hochwasserpegel vom 23. August 2005 und dem Gesicht im Felsen führt der Weg hinauf zum Felssturz. An dieser Stelle sind am 23. September 1995 rund 50 000 Kubikmeter Fels und Geröll in die Klamm gepoltert. Nachdem sich das Wasser 30 Meter hoch gestaut hatte, gelang der Breitach der Durchbruch. Anschließend musste die Infrastruktur in der Klamm komplett erneuert werden. Direkt vor dem Felssturz führt eine Treppe hinauf zur Kasse Nr. 2.

Wer mit dem Bus angereist ist und nur die Klamm erleben will, kann den Weg hoch zur B 19 nehmen und mit dem Walserbus zurück nach Oberstdorf fahren.

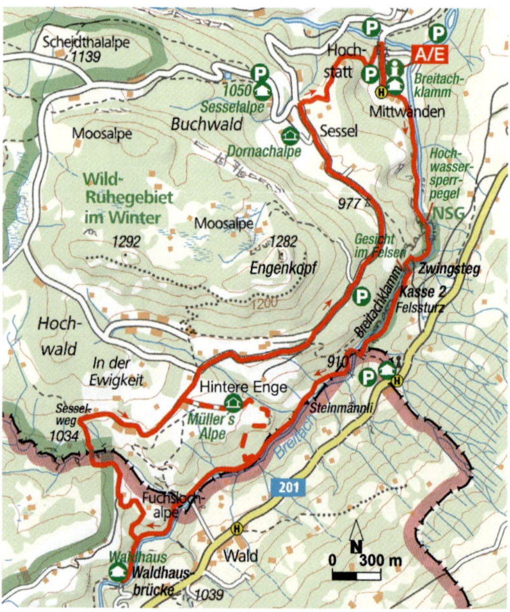

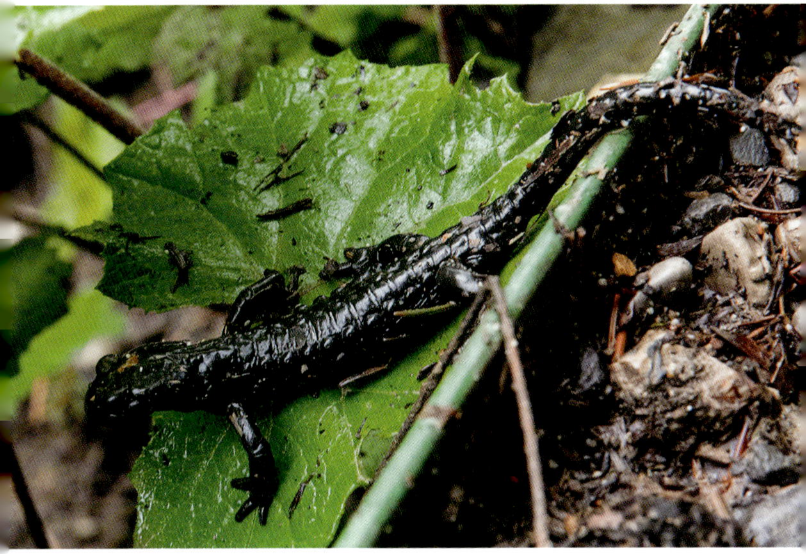

An regnerischen Tagen tummeln sich Alpensalamander auf den Wegen der Breitachklamm.

Alle anderen bleiben auf dem Wanderweg, der oberhalb der Kasse an weiteren Engstellen und steil emporragenden Felswänden vorbeiführt.
Schließlich lassen wir die Enge der Schlucht hinter uns und weitet sich das Tal wieder. Nachdem wir eine Kiesbank passiert haben, die zumindest zeitweise von zahlreichen Steinmännli besiedelt wird, können wir rechts zur Müllers Alpe abkürzen. Schöner finden wir es aber, dem Gebirgsbach weiter flussaufwärts bis zum Waldhaus zu folgen und die Tour mit einer Einkehr im Kleinwalsertal zu verbinden.
Für den Rückweg müssen wir dann ein Stück zurücklaufen, ehe es über einen kurzen Stich hinauf zur Fuchsalpe geht. Danach folgen wir der Beschilderung über die Grenze zum Sesselweg und weiter über die Hintere Enge und die Alpe Dornach zunächst immer Richtung Tiefenbach, ehe wir wieder zum unteren Eingang der Breitachklamm gelangen.

42 Rohrmoos und Osterbergalpe

Stille Runde um die Kackenköpfe

Mittel | 14,5 km | 400 Hm | 4.30–5.30 Std.

Tourencharakter: Großteils breite, auch für Fahrräder geeignete Wege. Der Aufstieg zum Oberen Hörnle verläuft auf Brettern durch oft versumpfte Wiesen und Weiden.

Ausgangs-/Endpunkt: Rohrmoos (1080 m)

Höchster Punkt: Hörnlepass (1283 m)

Anfahrt: Auto: Von der B 19 vor Oberstdorf abfahren und der OA 5 und der Rohrmooser Straße über Tiefenbach nach Rohrmoos folgen. Achtung, Mautstraße: Der Automat nimmt nur Münzen und gibt kein Rückgeld!
GPS: 47.4077, 10.1682;
Bus & Bahn: –

Einkehr: Osterbergalpe; in Rohrmoos

Karte: AV-Karte 1:25 000, BY 2 Kleinwalsertal

Informationen:
www.oberstdorf.de;
www.rohrmoos.de

Dank der Lage in einem Seitental der Breitach geht es bei Rohrmoos eher beschaulich zu. Vom Oberallgäuer Rundwanderweg wird das Tal dennoch erfasst. Dem Fernwanderweg folgen wir bis ins Kleinwalsertal, ehe wir auf den wenig begangenen Pfad zum Oberen Hörnle wechseln.

Ab dem Berggasthaus folgen wir auf den ersten Metern der Beschilderung Richtung Hörnlepass zurück auf die Zufahrtsstraße. Rechts ab überqueren wir die Rohrmooser Starzlach. Geradeaus führt der befahrbare Talweg zur Aibelealpe – aus dieser Richtung werden wir später zurückkommen. Jetzt aber biegen wir beim Wegweiser links zur Alpe Osterberg ab und überqueren damit den Hörnlegraben. Wir befinden uns hier auf einem auch für Radfahrer geeigneten Abschnitt des 224 Kilometer langen Oberallgäuer Rundwanderwegs. Dieser führt uns bergan an Kuhweiden vorbei in den Wald. Gut 200 Meter nachdem wir eine Lichtung mit der Scheidthalalpe (unbewirtschaftet) passiert haben, biegen wir rechts ab und folgen dem rot markierten Bergweg mit Sicht auf die Gipfel der Kackenköpfe weiter bis zum Abzweig hoch zur familiär geführten Osterbergalpe. Diese befindet sich ein gutes Stück weiter oben in einer Sackgasse und zählt mit ihrer Aussicht auf die Kleinwalsertaler und die Oberstdorfer Berge sowie mit den vielen liebevoll arrangierten Blumen rund ums Haus zu den schönsten Alpen, die wir bisher im Allgäu entdeckt haben. Nach dem Abstecher geht es weiter auf dem breiten

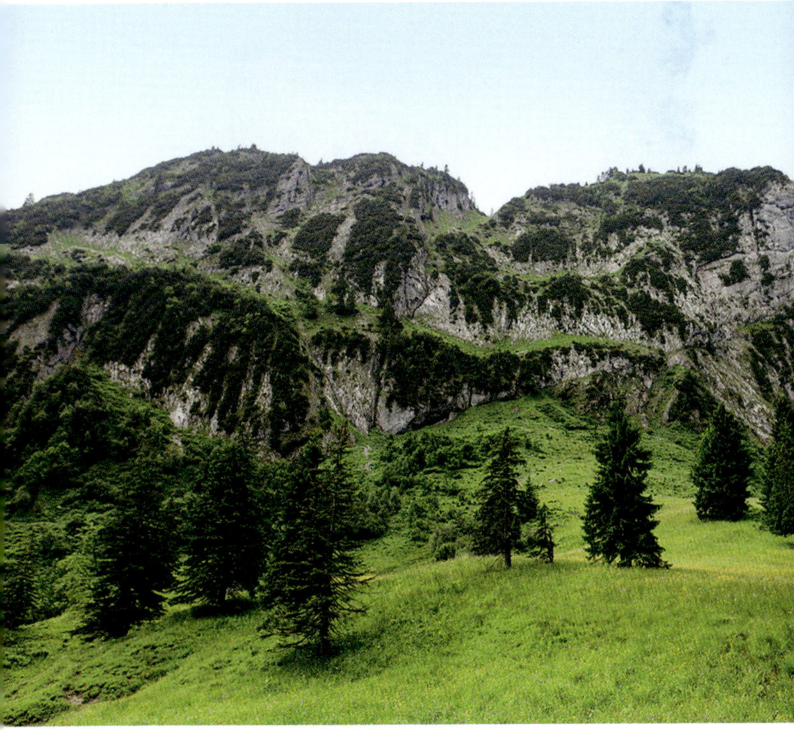

Aussicht vom Hörnlepass auf den Gebirgszug zwischen Gatterbach und Hörnlesbach

Wanderweg durch eine Ecke des Kleinwalsertals. Man merkt es kaum, denn die Grenze – sie folgt dem Bächteletobel – ist in der Landschaft nicht zu sehen. Nach nur 500 Metern haben wir wieder deutschen Boden unter den Füßen. Gleich danach verlassen wir den Oberallgäuer Rundwanderweg. Rechts ab erfolgt der Aufstieg zum Hörnlepass über eine versumpfte Weide. Mehr oder weniger gut aneinandergelegte Bretter sollen uns vor nassen

Schneeloch Rohrmoos

In den Wintermonaten ist das Rohrmoostal ein Eldorado für Skilangläufer. Durch die sehr hohen Niederschlagsmengen gilt Rohrmoos als besonders schneesicher.

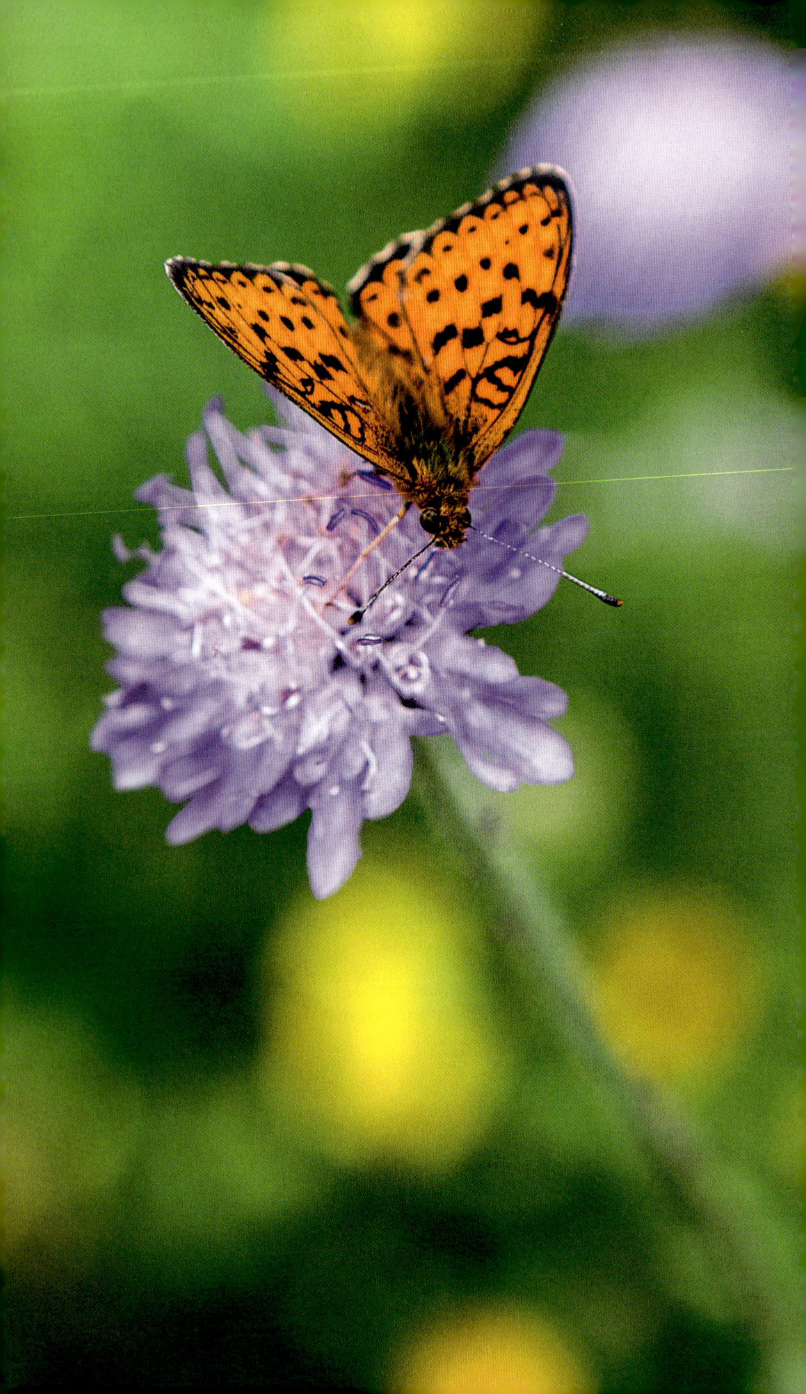

Füßen schützen – sie werden bisweilen aber auch von Kühen als Liegefläche genutzt. Dann müssen wir uns irgendwie mit ihnen arrangieren und vielleicht in den benachbarten Wald ausweichen. Als Entschädigung bietet uns der Pfad freie Sicht auf die felsige Nordseite der Weißen Platte (links), auf Spitzberg und – rechts davon – auf den Gatterkopf. Mehrere kurze Passagen erfordern Trittsicherheit, dann aber haben wir die Passhöhe beim Oberen Hörnle erreicht. Beim anschließenden Abstieg über einen nun wieder technisch einfachen Forstweg rückt allmählich der Hohe Ifen ins Blickfeld. Mit diesen schönen Eindrücken folgen wir dem Forstweg in den Talgrund. Wer die Tour verlängern möchte, erreicht

Linke Seite:
Der Kaisermantel zählt zur Familie der Perlmuttfalter.

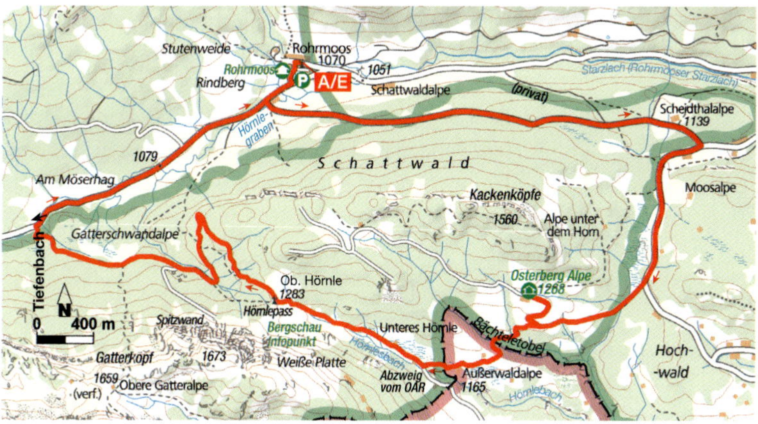

links nach etwa 15 Minuten die Aibelealpe; der Weg führt über die Wasserscheide ins Achbachtal. Genug gewandert? Dann biegen wir hier rechts auf die bei Familien und Radfahrern beliebte Straße Richtung Tiefenbach ab. Die letzten 2,5 Kilometer bis zurück nach Rohrmoos eignen sich dann bestens zum lockeren Auslaufen.

43 Schlappold und Fellhorn

Die Blumen-Panorama-Berge

Schwer | 5,8 km | 430 Hm | 3–4 Std.

Tourencharakter: Die Runde verläuft überwiegend auf alpinen Pfaden, die griffiges Schuhwerk erfordern. Auf dem Grat unbedingt auf dem Weg bleiben! Stöcke sind von Vorteil.

Ausgangs-/Endpunkt: Die Station Schlappoldsee (1780 m) der Fellhornbahn

Höchster Punkt: Fellhorn (2038 m)

Anfahrt: Auto: Über die B 19 bis Oberstdorf fahren und dort der Beschilderung zur Fellhornbahn folgen; zwei große Parkplätze bieten reichlich Platz. GPS: 47.3530, 10.2660; Bus & Bahn: Ab Oberstdorf fährt die Buslinie 9762 zur Talstation der Fellhornbahn.

Einkehr: Schlappoldalpe; an der Fellhorn-Gipfelstation und an der Station Schlappoldsee

Karte: AV-Karte 1:25 000, BY 2 Kleinwalsertal

Informationen: www.ok-bergbahnen.com

Das Wandergebiet zwischen Stillach- und Kleinwalsertal ist für seine blühenden Bergwiesen bekannt. Auch wenn wir uns hier im alpinen Raum bewegen, eignet sich der Aufstieg ab der Station Schlappoldsee selbst für wenig erfahrene Wanderer.

Sowie wir uns nach der Ankunft bei der Station Schlappoldsee orientiert haben, nutzen wir den Weg unterhalb der Sonnenterrasse, um auf den Wanderweg Richtung Schlappoldsee zu gelangen. Wer ein paar Höhenmeter sparen möchte, kann ab dort dem Fahrweg zur Schlappoldalpe folgen. Schöner ist es, auf dem Wanderweg zu bleiben. Er verläuft oberhalb des Fahrwegs und wird von Tüpfelenzian, Alpenampfer und einigen weiteren alpinen Pflanzenarten gesäumt. Bei der Schlappoldalpe biegen wir links zum Söller-

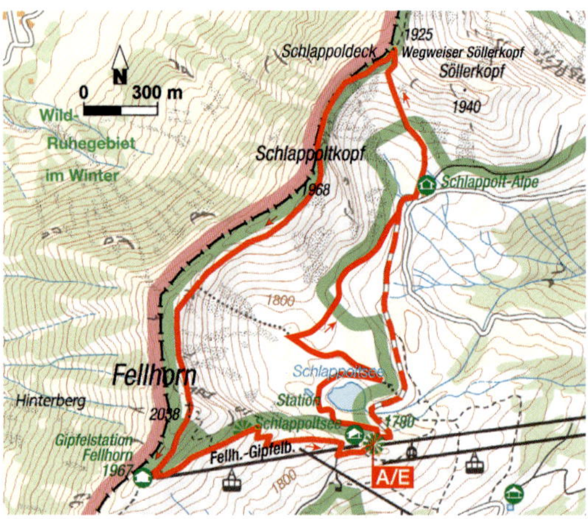

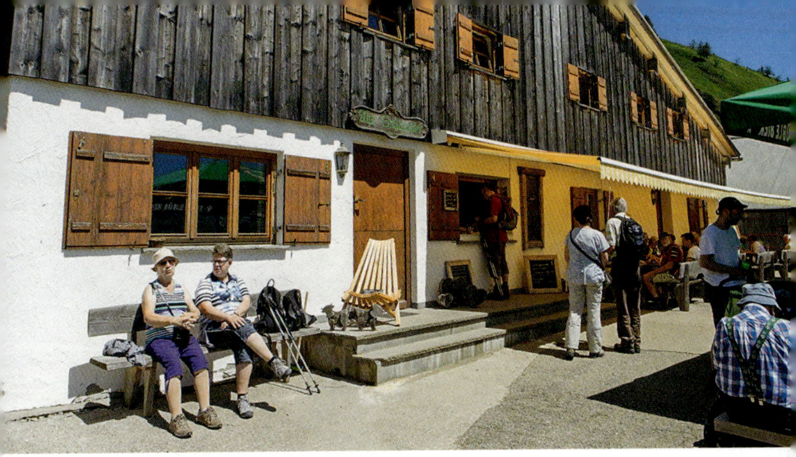

kopf ab. Es folgt der längste und steilste Abschnitt dieser Tour. Doch die Mühe lohnt sich, denn mit jedem Höhenmeter wird die Aussicht über die Allgäuer Hochalpen noch einen Tick atemberaubender. Am Schlappoldeck ist dann der perfekte Ort, um die Kulisse längere Zeit auf sich wirken zu lassen. Ganz in der Nähe sehen wir die grasbewachsenen Kuppen des Söllerkopfs. Direkt rechts davon erheben sich zahlreiche Gipfel der Allgäuer Hochalpen. Wenden wir uns dem Kleinwalsertal zu, rückt der Hohe Ifen mit dem Gottesackerplateau ins Blickfeld.

Vor dem Aufstieg zum Schlappoldeck können Wanderer auf der Schlappoldalpe nochmals Kraft sammeln.

Mit dieser zu beiden Seiten fantastischen Bergkulisse folgen wir dem Gratweg auf den Schlappoldkopf und weiter zum Fellhorngipfel. Auf diesem Abschnitt blühen im Sommer zahlreiche Küchenschellen, Narzissenblütige Windröschen und der ebenfalls weiße Alpen-Hahnenfuß. Ab dem Fellhorngipfel führen dann unbequeme Wegstufen hinunter zur Gipfelstation. Die anschließende Rückkehr zur Station Schlappoldsee erfolgt auf dem gelb markierten, nun wieder leichten Wanderweg.

Blumenkalender

Für Pflanzenliebhaber haben die Oberstdorf Kleinwalsertal Bergbahnen einen Blumenkalender erstellt, in dem einige der alpinen Arten, sortiert nach Farbe, mit ihrer Blütezeit vorgestellt werden (www.ok-bergbahnen.com/genuss-sinne/blumenkalender/) Registrierung erforderlich.

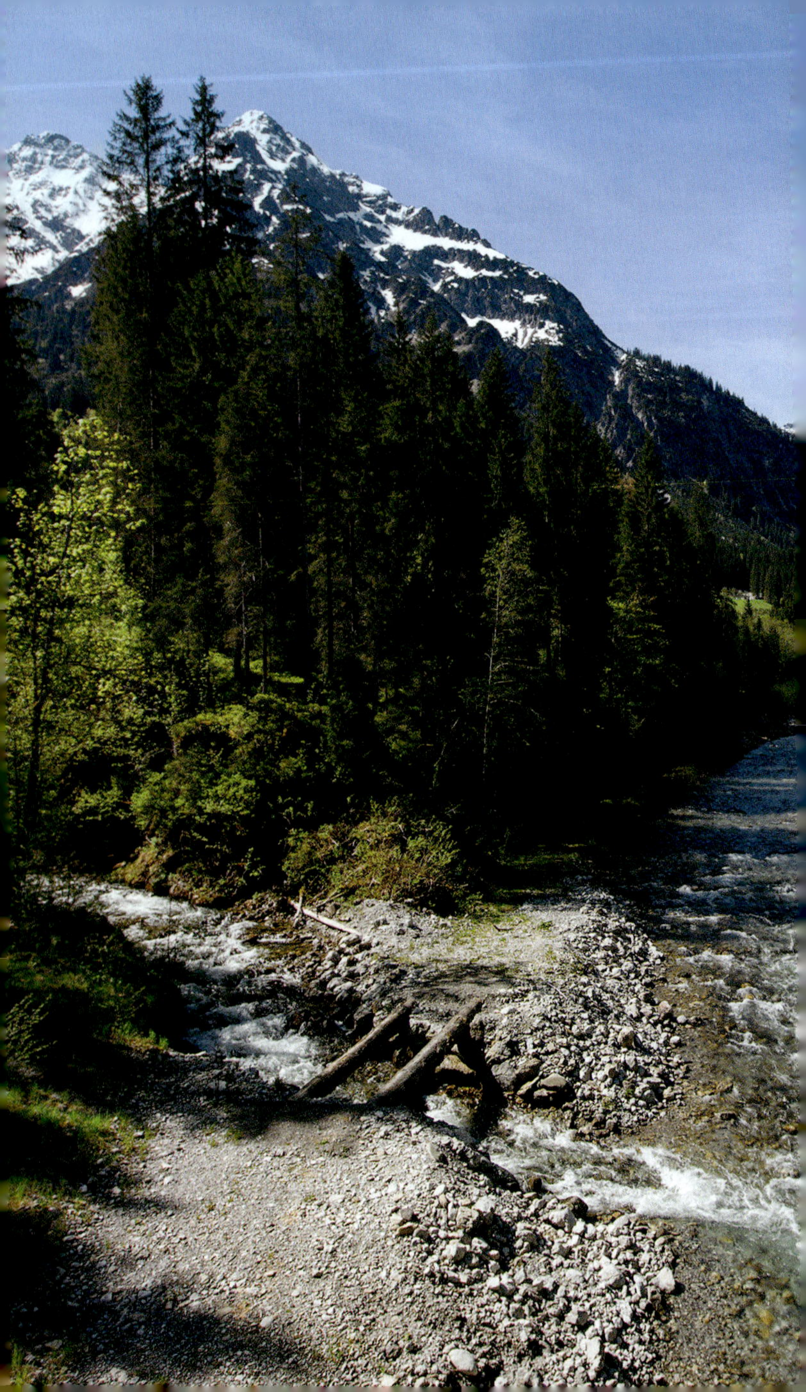

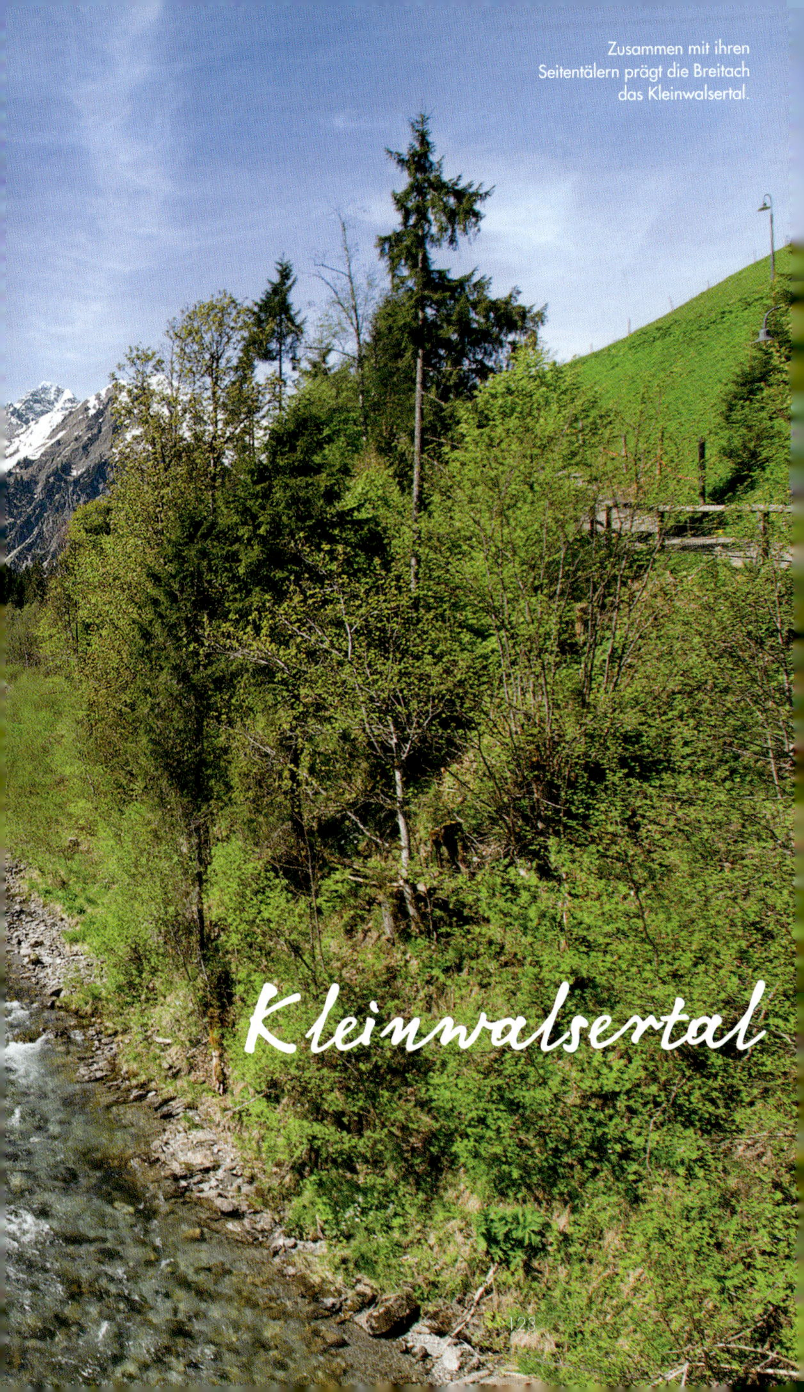

Zusammen mit ihren Seitentälern prägt die Breitach das Kleinwalsertal.

Kleinwalsertal

44 Vom Söllereck nach Riezlern

Panoramaweg ins Kleinwalsertal

Leicht | 5,6 km | ↑ 100 Hm ↓ 360 Hm | 2 Std.

Tourencharakter: Die Strecke führt größtenteils über auch im Frühjahr schon freie Schotterwege und Hofzufahrten. Die Rückkehr erfolgt mit dem Walserbus.

Ausgangspunkt: Bergstation der Söllereckbahn (1350 m)

Endpunkt: Riezlern (1100 m)

Höchster Punkt: Schrattenwangalpe (1400 m)

Anfahrt: Auto: Über die B 19 bis kurz vor Oberstdorf fahren, im Kreisverkehr in Richtung Kleinwalsertal abfahren und der B 19 weiter bis zur Talstation der Söllereckbahn folgen. GPS: 47.3996, 10.2427; Bus & Bahn: Ab Oberstdorf fährt die Walserbus-Linie 1 zur Talstation der Söllereckbahn.

Einkehr: An der Bergstation der Söllereckbahn; Schrattenwangalpe; Mittelalpe; Bergstüble

Karte: AV-Karte 1:25 000, BY 2 Kleinwalsertal

Informationen: www.ok-bergbahnen.com; www.kleinwalsertal.com

Dank der Söllereckbahn stehen auf dieser Streckenwanderung nur wenige Höhenmeter an. Stattdessen verwöhnt uns der Panoramaweg mit herrlichen Aussichten über das Kleinwalsertal bis zum Hohen Ifen und über die Bergkette mit dem Walmendinger Horn bis zum Widderstein.

Oberhalb der Bergstation wählen wir rechts den Fahrweg zur Schrattenwangalpe. Bei dem Bergbauernhof mit angeschlossener Wirtschaft ist der höchste Punkt dieser Wanderung bereits überwunden. Hier trennen uns nur noch 300 Meter von der Staatsgrenze zu Österreich. Ein Schild heißt uns herzlich willkommen – kein Wunder, der Tourismus ist der mit Abstand wichtigste Wirtschaftsfaktor für die Kleinwalsertaler. Jenseits der Grenze folgen wir dem breiten Schotterweg über die Amansalpe zur Mittelalpe. Einen Steinwurf weiter passieren wir beim Alpkreuz einen der schönsten Aussichtspunkte auf dem Weg ins Tal. Aber auch vom Weg ist die Aussicht wunderschön: Während wir bereits im Frühjahr durch grüne Bergweiden laufen, ist das Gottesackerplateau auf der gegenüberliegenden Seite des Kleinwalsertals meist bis in den Sommer hinein schneebedeckt; zudem genießen wir Einblicke ins Schwarzwassertal zwischen dem Hohen Ifen und dem Walmendinger Horn und Ausblicke über den Bergkamm zwischen der Güntlespitze und dem Widderstein. Nachdem der Wanderweg nach Nordwesten schwenkt, wechseln wir links auf den rot markierten Pfad zum Bergstüble. Anschließend folgen wir der

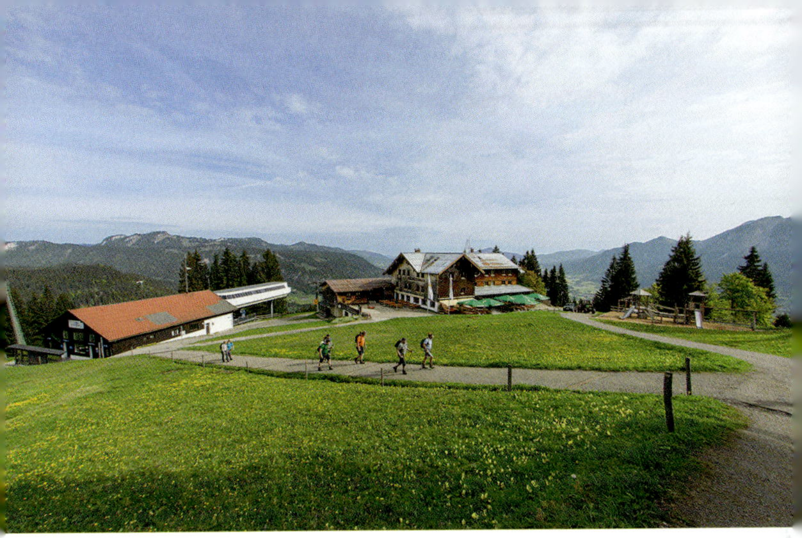

Beschilderung über den Schmiedebach nach Riezlern (Post bzw. Ortsmitte). Von dort können wir im 10–20-Minuten-Takt mit dem Walserbus zurück zur Talstation der Söllereckbahn fahren.

Blick zurück auf die Bergstation der Söllereckbahn

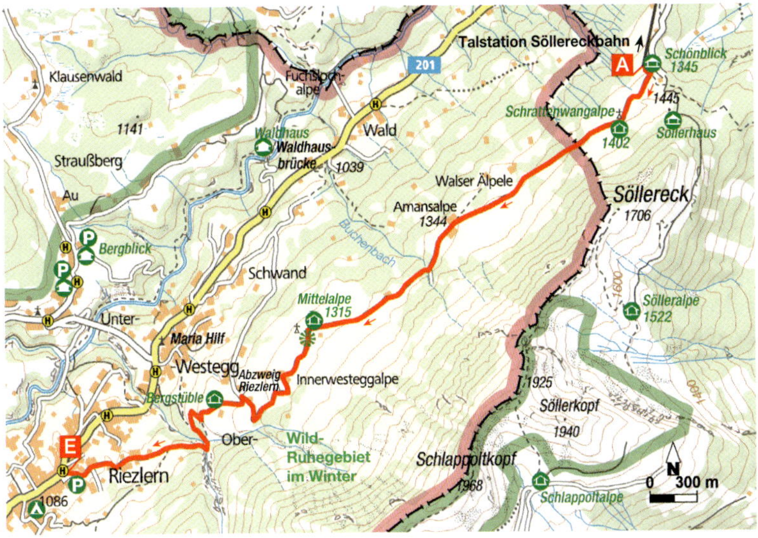

45 Kessellöcher

Von Hirschegg ins Schwarzwassertal

Mittel 5,3 km 180 Hm 1.45–2.15 Std.

Tourencharakter: Eher leichte und reizvolle Wanderung mit wechselnden Aussichten. Der Bereich bei den Kessellöchern ist mit Brücken und Treppen gut gesichert. Ein 600 m langer Abschnitt verläuft entlang der Schwarzwassertalstraße.

Ausgangs-/Endpunkt: Walserhaus in Hirschegg (1124 m)

Höchster Punkt: Übergang zum Schwarzwassertal (1257 m)

Anfahrt: Auto: Über die B 19 bis kurz vor Oberstdorf fahren, im Kreisverkehr in Richtung Kleinwalsertal abfahren und der B 19/L 201 weiter bis Hirschegg folgen.
GPS: 47.3426, 10.1675;
Bus & Bahn: Ab Oberstdorf fährt die Walserbus-Linie 1 zur Haltestelle »Walserhaus« in Hirschegg.

Einkehr: Café Walserblick

Karte: AV-Karte 1:25 000, BY 2 Kleinwalsertal

Informationen: www.kleinwalsertal.com

Die Wanderung zu den Kessellöchern lohnt sich zu verschiedenen Zeiten, denn dieser Abschnitt des Schwarzwasserbachs fällt gelegentlich trocken. Anstelle des zu Tale polternden Wassers treten dann die Strudellöcher und Auswaschungen im Fels hervor.

Auf der nach Süden ausgerichteten Seite des Walserhauses folgen wir dem Gerberweg am Abzweig auf den Panoramaweg vorbei an den Ortsrand. Wenige Schritte vor dem Ende der Straße zweigen wir rechts auf den Pfad hoch zum Rohrweg ab. Erneut rechts ab orientieren wir uns auf dem nächsten Abschnitt an den Wegweisern zur Auenhütte. Wir können uns Zeit lassen und die Aussicht über das Tal zur Kanzelwand (links), zur Kuhgehrenspitze und, rechts dahinter, zur Walser Hammerspitze genießen. Wo der Rohrweg nahe dem Café Walserblick eine Linkskurve beschreibt, überwinden wir den höchsten Punkt dieser Runde. Links folgt eine 600 Meter lange Passage entlang der Schwarzwassertalstraße. Schließlich aber erreichen wir den Einstiegspunkt zu den Kessellöchern. Vor allem während der Schneeschmelze oder nach Starkregen rauscht hier der Schwarzenbach mächtig in die Tiefe. Direkt vor der Fallstufe ermöglicht eine Brücke einen spektakulären Blick auf den Wasserfall sowie auf das tief unter uns liegende Becken. Beim unteren Ende beruhigt sich der Wildbach und finden wir uns unvermittelt in einem besonders reizvollen Abschnitt des Schwarzwassertals wieder. Wir

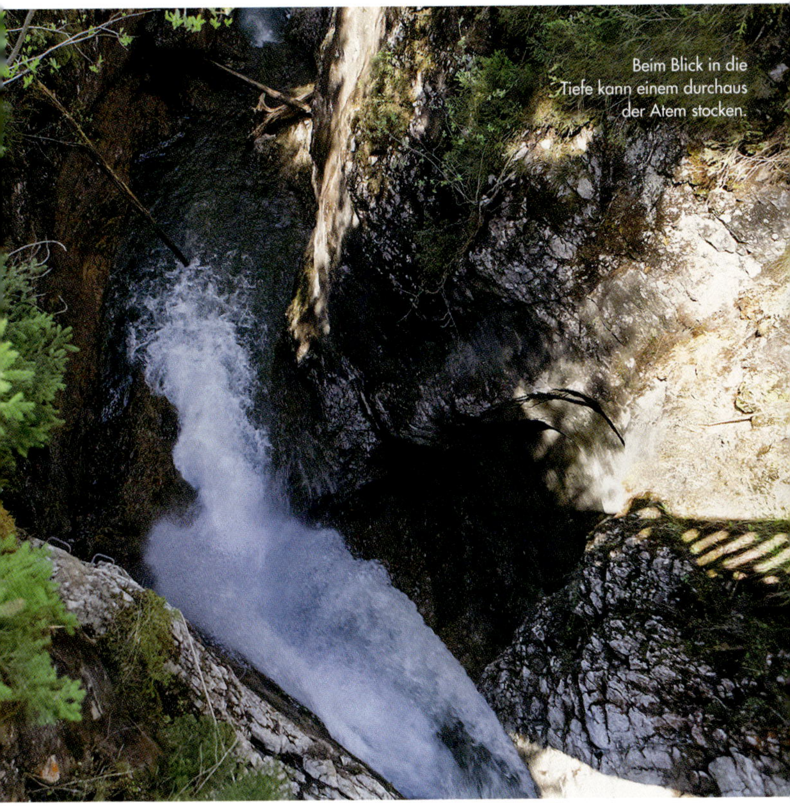

Beim Blick in die Tiefe kann einem durchaus der Atem stocken.

folgen dem Talweg bis zur Bank zu Ehren des Diplomaten und Schriftstellers André François-Poncet. Dort biegen wir rechts ab, überqueren den Schwarzwasserbach und kehren auf dem Winterwanderweg und auf einem Abschnitt des Panoramawegs zurück nach Hirschegg, wobei wir nochmals die herrliche Aussicht über das Kleinwalsertal genießen können.

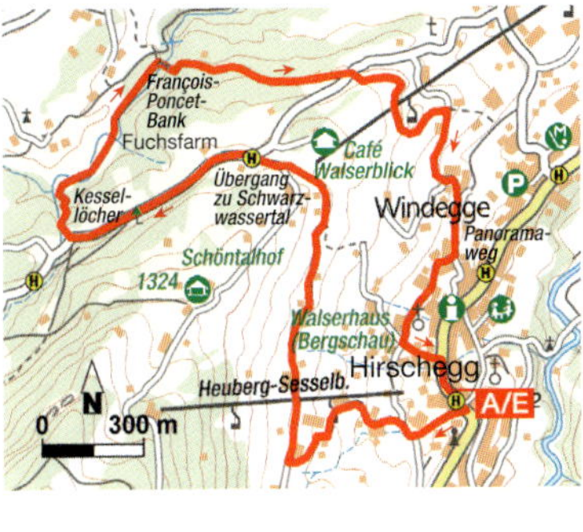

46 Schwarzwassertal

Aufstieg ab der Auenhütte

Leicht/Schwer | 10,4 km | 400 Hm | 4–5 Std.

Tourencharakter: Bis Melköde sehr leichte Talwanderung, die auch mit Kinderwagen gut möglich ist (rund 100 Hm). Ab Melköde anspruchsvolle Bergwanderung über teils alpine Pfade hinauf zur Schwarzwasserhütte

Ausgangs-/Endpunkt: Talstation (1270 m) der Ifenbahn

Höchster Punkt: Schwarzwasserhütte (1620 m)

Anfahrt: Auto: Über die B 19 bis Oberstdorf, im Kreisverkehr in Richtung Kleinwalsertal abfahren und der B 19/L 201 bis Riezlern folgen, dort rechts in die Schwarzwassertalstraße abbiegen und den Schildern bis zur Talstation der Ifenbahn folgen.
GPS: 47.3427, 10.1378;
Bus & Bahn: Ab Oberstdorf fährt die Walserbus-Linie 1 nach Riezlern, von dort weiter mit der Buslinie 5 bis zur Haltestelle »Ifen«.

Einkehr: Melköde; Schwarzwasserhütte

Karte: AV-Karte 1:25 000, BY 2 Kleinwalsertal

Informationen: www.kleinwalsertal.com

Bei der Streckenwanderung durchs obere Schwarzwassertal haben wir die Wahl: Wer einen lockeren Spaziergang bevorzugt, hat sein Ziel bei der Melköde erreicht; wer höher hinausmöchte, wechselt dort auf den teils steilen Pfad hoch zur Schwarzwasseralpe. Schön sind beide Wege.

Ab dem Parkplatz der Auenhütte mit der Talstation der Ifenbahn (Parkschein nicht vergessen!) sind beide Ziele dieser Tour bereits angeschrieben. Wir folgen also der Beschilderung an der Talstation vorbei und nutzen den als »leichten Wanderweg« gekennzeichneten Fahrweg zur Melköde. Er führt uns um den relativ niedrigen Geißbühel herum und

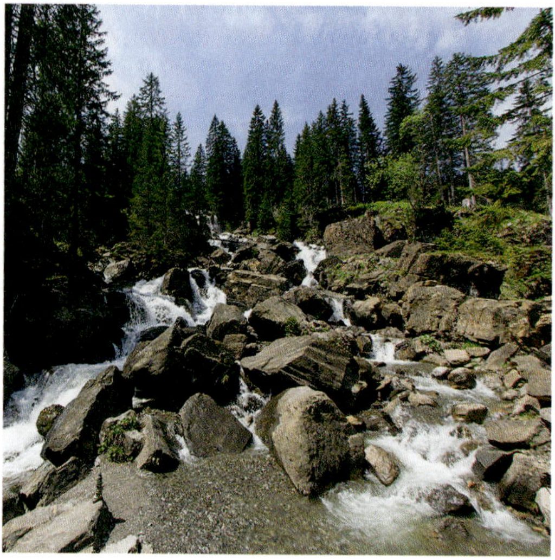

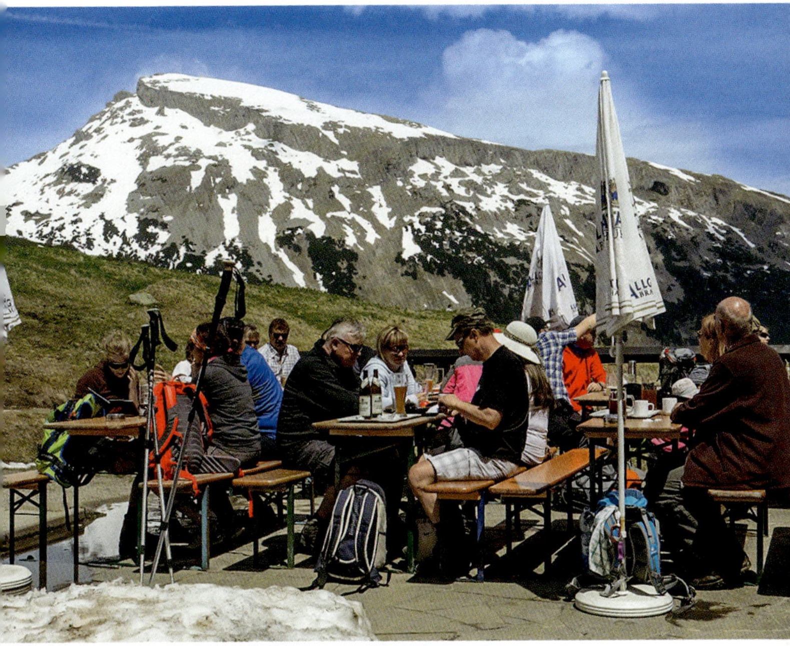

am Abzweig nach Hirschegg vorbei in den Rüchewald. Auffallend auf diesem ersten Abschnitt sind die großen Felsbrocken, die lose in der Landschaft herumliegen. Sie stammen aus der Südwand des Hohen Ifen und sind nach ihrem Sturz hier liegen geblieben. Vor Ort informiert ein Schild, dass sich nach der letzten Eiszeit über zehn Millionen Kubikmeter Fels aus dem Hohen Ifen gelöst und den kompletten Talgrund bedeckt hatten. Heute schützen uns die dichten Bergwälder vor herabfallendem Gestein. Sowie links ein Wirtschaftsweg abzweigt (bei dem wir uns rechts halten), erreichen wir die Galtöde. Die nach der Schneeschmelze gern unter Wasser stehenden Wiesen wurden in früheren Zeiten mühsam von Hand gemäht. Die Besitzer lebten während der Arbeiten in

Wohlverdiente Rast bei der Schwarzwasserhütte

Linke Seite: Am oberen Ende der Melköde hat der Schwarzwasserbach einen malerischen Wasserfall geschaffen.

sogenannten Koch- und Heuhütten, die mittlerweile aus der Landschaft verschwunden sind. Zu erkennen sind an verschiedenen Stellen jedoch unnatürlich wirkende Ansammlungen von Steinen. Ihre Entstehung geht ebenfalls auf das Wirken der Menschen zurück, die zur besseren Bewirtschaftung der Flächen die Steine zu Lesesteinriegeln zusammengetragen hatten.

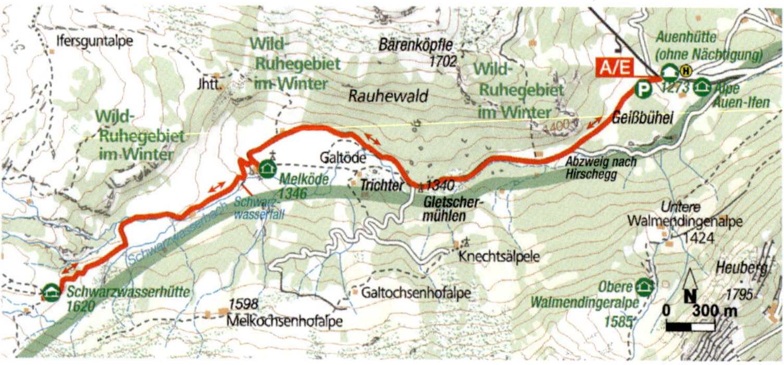

Weiter oben geht die Galtöde in die Melköde über. Der wesentliche Unterschied beider Bereiche ist die Nutzung: Während die tiefer liegende Galtöde im Herbst gemäht wird, halten auf der Melköde um die 30 Kühe das Gras kurz. Am oberen Ende der Melköde haben die Spaziergänger ihr Ziel erreicht. Direkt neben dem Ausflugslokal mit angeschlossener Sennerei stürzt der Schwarzwasserbach über mehrere Kaskaden in die Tiefe. Hier lässt es sich sicher gut aushalten, ehe es zurück zur Auenhütte geht. Die Bergsteiger unter uns wechseln nun rechts der Hütte auf den deutlich steileren Weg. Dieser ist auf den ersten Metern noch befahrbar und führt uns über eine Kehre an das obere Ende des Wasserfalls. Ab dort erfolgt der lange Aufstieg. Nach einem flacheren Teilstück wandern wir kurz entlang der

Grappa. Im weiteren Verlauf wird der Bergpfad im Wald steiler und anspruchsvoller. Sowie wir den oberen Waldrand erreicht haben, trennen uns noch 300 Meter von der traumhaft gelegenen Schwarzwasserhütte, wo wir uns die Einkehr nun wahrlich verdient haben. Die Rückkehr zur Auenhütte erfolgt anschließend auf demselben Weg.

Zur Not kommen Wanderer auch mit zwei PS zur Melköde.

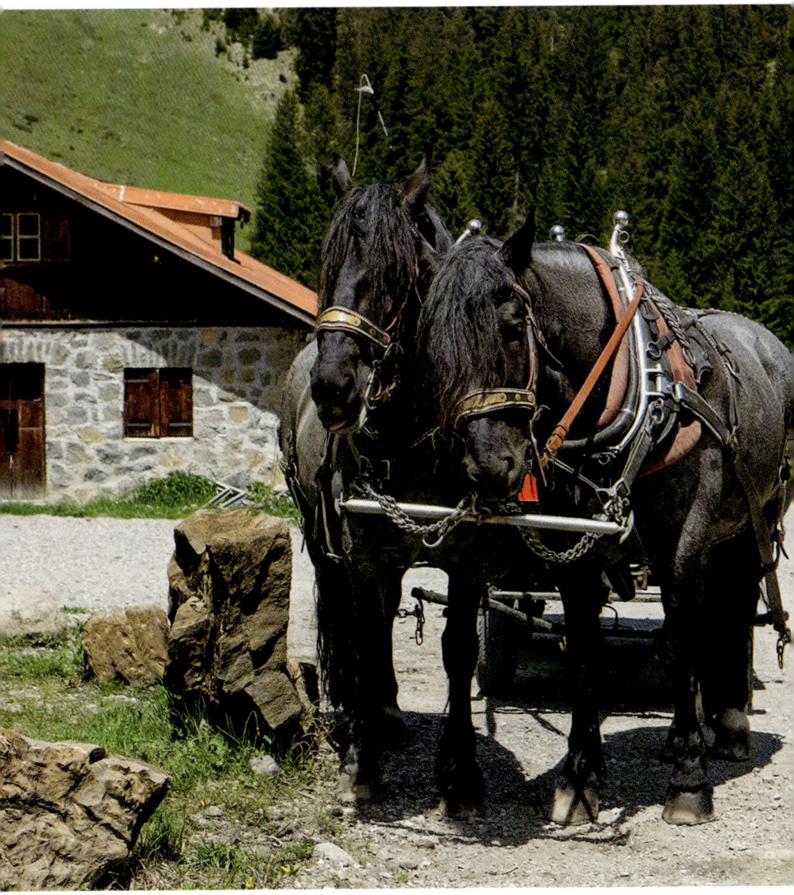

47 Walmendingerhorn

Aussichtsloge im Kleinwalsertal

Mittel | 5,5 km | ↑ 75 Hm ↓ 790 Hmm | 2 Std.

Tourencharakter: Auf das Walmendingerhorn führt ein gesicherter Pfad. Nach dem Abstecher erfolgt der Abstieg ins Tal auf meist breiten Schotterwegen und Wald- und Wiesenpfaden.

Ausgangspunkt: Bergstation der Walmendingerhornbahn (1946 m)

Endpunkt: Talstation der Walmendingerhornbahn (1200 m)

Höchster Punkt: Walmendingerhorn (1990 m)

Anfahrt: Auto: Über die B 19 bis Oberstdorf, im Kreisverkehr in Richtung Kleinwalsertal abfahren und der B 19/L 201 bis Mittelberg folgen, dort rechts zur Walmendingerhornbahn abzweigen. GPS: 47.3228, 10.1523; Bus & Bahn: Ab Oberstdorf fährt die Walserbus-Linie 1 nach Mittelberg.

Einkehr: Gipfelrestaurant; Stutzalpe; Berggasthof Bühlalpe

Karte: AV-Karte 1:25 000, BY 2 Kleinwalsertal

Informationen: www.kleinwalsertal.com; www.ok-bergbahnen.com

Bei dieser Tour genießen wir auf bequem zu wandernden Pfaden und Schotterwegen ständig wechselnde Panoramen. Die Einkehrmöglichkeiten auf halber Strecke machen diese Wanderung zu einem wahren Leckerbissen.

Ab der Bergstation folgen wir zunächst dem Pfad hinauf zum Walmendingerhorn. Nach einer Viertelstunde sollte der Gipfel erreicht sein. Hier liegt uns das Schwarzwassertal zu Füßen. Deutlich zu erkennen sind die Wiesen von Galtöde und Melköde; darüber erhebt sich der Hohe Ifen. Wenden wir uns zur anderen Seite, bestimmen Bärenkopf und Widderstein die Kulisse. Mit dieser Fülle schöner Eindrücke kehren wir zur Bergstation zurück. Für den Abstieg ins Tal folgen

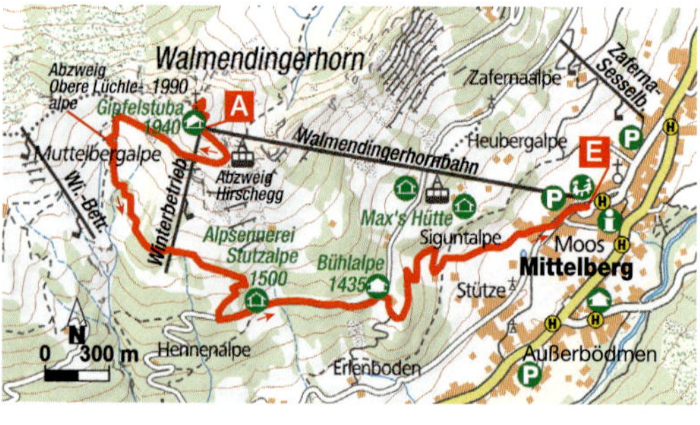

wir zunächst dem Schotterweg Richtung Obere Lüchlealpe. Damit halten wir uns beim Abzweig nach Hirschegg rechts, sodass wir auf die lawinengesicherte Westseite des Walmendingerhorns kommen. Beim Abzweig zur Oberen Lüchlealpe (10 Min.) biegen wir links ab, halten uns bei der nächsten Weggabelung erneut links und folgen der Beschilderung über den Pfad zur Stutzalpe. Wo der Pfad weiter unten wieder auf den Schotterweg trifft, sind es (nach links) noch 250 Meter bis zur Stutzalpe. Von der idyllisch an einem Hang gelegenen Hütte haben wir eine herrliche Sicht zum Zwölferkopf (links), zum Bärenkopf und zum dazwischenliegenden Gemsteltal. Weiter geht es auf dem Schotterweg bis zur Bühlalpe. Unterhalb des Berggasthofs wechseln wir links auf den asphaltierten Pfad nach Mittelberg. Sowie wir ein Waldstück durchquert haben, öffnet sich die Sicht über Mittelberg auf den Zwölferkopf. Mit diesem schönen Abschlussbild spazieren wir die letzten Meter durch Wiesen hinunter in den Ort und zur Talstation der Walmendingerhornbahn.

Wandern am Nachmittag

Da bei dieser Tour nur eine Bergfahrt ansteht, eignet sie sich auch bestens für den Nachmittag, wenn es bei der Bergbahn deutlich ruhiger zugeht als vormittags.

Am späten Nachmittag haben Bergsteiger das Walmerdingerhorn oft für sich alleine.

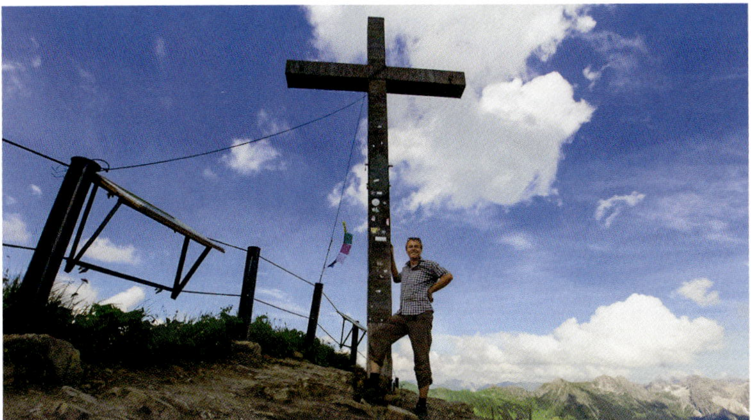

48 Wildental

Unter den Schafalpköpfen

Leicht | 6,2 km | 260 Hm | 2.30 Std.

Tourencharakter: Abwechslungsreiche Wanderung über meist breite Wege und bequem zu laufende Pfade. Auch im zeitigen Frühjahr gut möglich

Ausgangs-/Endpunkt: Wanderparkplatz Schwendle (1160 m)

Höchster Punkt: Obere Wiesalpe (1285 m)

Anfahrt: Auto: Der B 19 Kempten–Oberstdorf ins Kleinwalsertal folgen, bei Mittelberg links auf die Wildentalstraße abbiegen und bis zum Parkplatz am Abzweig Schwendle fahren. GPS: 47.3210, 10.1614; Bus & Bahn: Ab Oberstdorf fährt die Walserbus-Linie 1 nach Mittelberg, von dort weiter mit der Buslinie 4 zur Haltestelle »Abzweig Schwendle«.

Einkehr: Moser Bergheim; Untere und Innere Wiesalpe; in Höfle

Karte: AV-Karte 1:25 000, BY 2 Kleinwalsertal

Informationen: www.kleinwalsertal.com

Bei dieser Rundwanderung waren wir selbst überrascht, wie vielseitig eine leichte Tour sein kann. Freuen Sie sich auf ein Tal, das einer Arena gleicht. Nach dem Abstieg durch Höfle erwartet uns im Haupttal einer der landschaftlich schönsten Talabschnitte der Breitach.

Beim Wanderparkplatz Schwendle wählen wir die obere Straße (rechts), die zum Bergheim Moser führt. Dort endet die öffentliche Straße und gelangen wir über den Wirtschaftsweg und durch lockere Wälder an den Wildenbach. Sowie wir diesen gekreuzt haben, zieht der Weg zur Inneren Wiesalpe deutlich an und gewinnen wir rasch an Höhe. Der Zwölfer- und der Elferkopf geben uns rechts einen Vorgeschmack auf die Traumkulisse im oberen Wildental. Zwischen der Unteren und der Inneren Wiesalpe durchwandern wir den schönsten Abschnitt die-

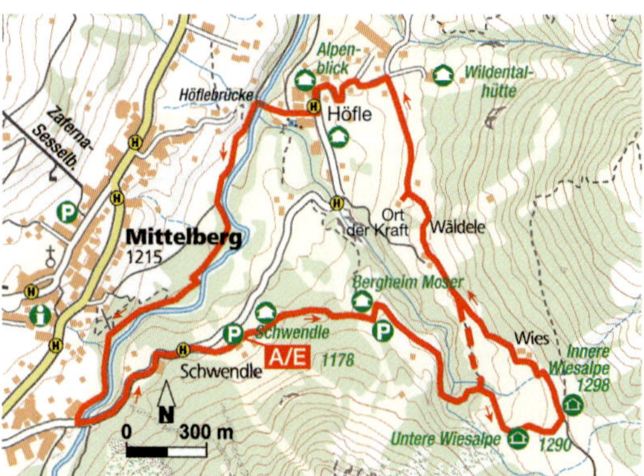

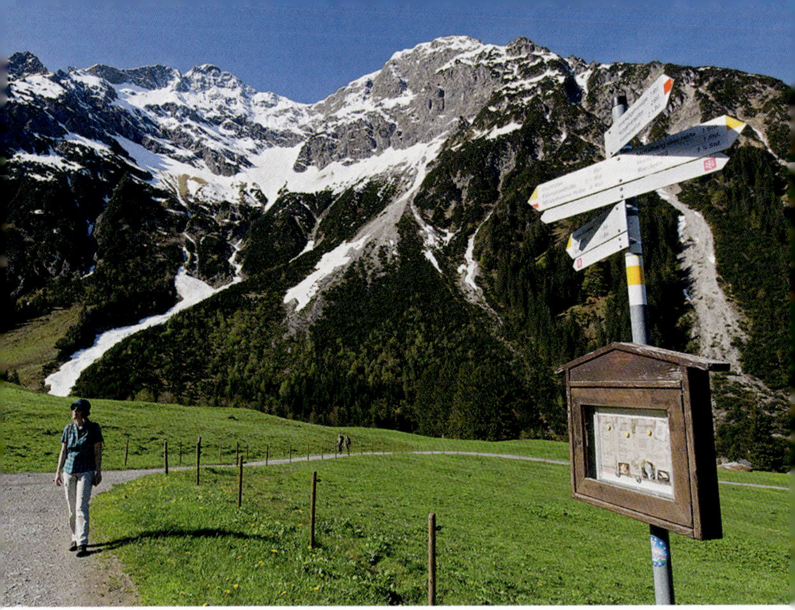

ser Tour. Während vor uns die Schafalpenköpfe steil in die Höhe ragen, wird das Tal zu unserer Linken von der Walser und der Oberstdorfer Hammerspitze sowie der dazwischenliegenden Hochgehrenspitze malerisch umrahmt. Inmitten dieser Bilderbuchlandschaft kommt die Innere Wiesalpe wie gerufen für eine gemütliche Einkehr. Oder wir dringen noch ein Stück weiter in das Tal ein und verlegen die Rast auf die Fluchtalpe. Anschließend wechseln wir auf den gelb gekennzeichneten Weg nach Mittelberg (über Höfle). Damit wechselt die Sicht, die fortan vom Walmendingerhorn bestimmt wird. Beim Abstieg nach Höfle lohnt sich ein Abstecher zum »Ort der Kraft«: Laut der Beschreibung vor Ort ist dies einer der weltweit stärksten Energieplätze. Gut erholt geht es schließlich hinunter nach Höfle, wo wir rechts zum Breitachweg abbiegen. Für den Rückweg folgen wir diesem flussaufwärts, bis wir auf die Wildentalstraße treffen und links zum Ausgangspunkt zurücklaufen.

Bei der Inneren Wiesalpe bilden die umliegenden Berge eine traumhafte Kulisse.

49 Bärgunttal

Am Fuß des Großen Widdersteins

Leicht | 4,8 km | 200 Hm | 2–2.30 Std.

Tourencharakter: Der Anstieg zur Bärgunthütte erfordert etwas Kondition, ist aber auch bei Familien mit kleinen Kindern beliebt. Herrliche Aussichten vom Panoramaweg über das obere Kleinwalsertal

Ausgangs-/Endpunkt: Parkplätze in Baad (1230 m)

Höchster Punkt: Am Panoramaweg (bis 1420 m)

Anfahrt: Auto: Der B 19 Kempten–Oberstdorf ins Kleinwalsertal folgen und weiter auf der L201 bis zu ihrem Ende in Baad. GPS: 47.3091, 10.1210; Bus & Bahn: Ab Oberstdorf fährt die Walserbus-Linie 1 zur Haltestelle »Baad«.

Einkehr: Bärgunthütte; Innere Widdersteinalpe

Karte: AV-Karte 1:25 000, BY 2 Kleinwalsertal

Informationen: www.kleinwalsertal.com

Ab Baad sind auf dem Weg ins Bärgunttal bis zur Bärgunthütte nur geringe Steigungen zu meistern. Das macht diese Tour auch bei Familien beliebt. Auf dem Rückweg öffnen sich am Panoramaweg herrliche Aussichten über die Bergwelt im hinteren Kleinwalsertal.

Der Einstieg in diese Tour befindet sich auf dem Parkplatz P2 bzw. in der über den Kreisel gedachten Verlängerung der L 201. Die Bärgunthütte ist hier bereits angeschrieben. Wir verlassen den Parkplatz auf der linken Seite und überqueren eine Brücke. Sie befindet sich unterhalb des Zusammenflusses von Turabach (dieser vereint sich kurz zuvor mit dem Derrenbach) und Bärguntbach und markiert den Ursprung der Breitach. Nach gut 650 Metern erreichen wir eine Gabelung; von der linken Seite kehren wir später zurück. Nun aber halten wir uns rechts und folgen dem Bärguntbach weiter flussaufwärts. In diesem Bereich laufen wir morgens durch den Schatten des Bärenkopfs öst-

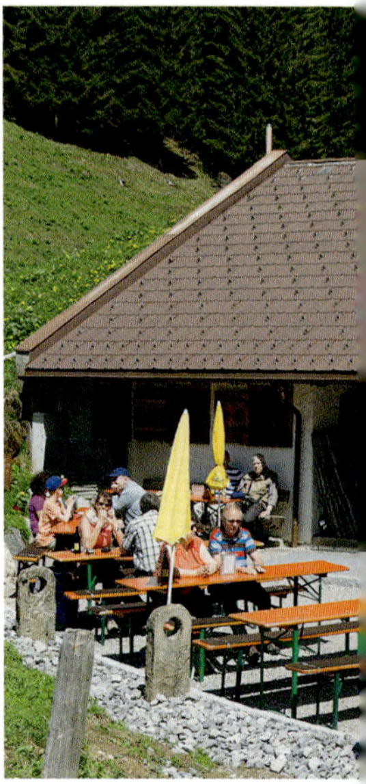

lich von uns. Erst nachdem wir die Abkürzung zur Widdersteinalpe passiert haben, wird es sonniger und öffnet sich die Sicht über das obere Bärgunttal zum Kleinen und Großen Widderstein. Weiter oben ist die Bärgunthütte dann auch schon bald erreicht. Die auf 1408 Metern wunderschön in die Berglandschaft eingebettete Alphütte ist mit ihrer Sonnenterrasse der perfekte Ort für eine Rast. Anschließend kehren wir zum Wegweiser unterhalb der Hütte zurück. Dort wechseln wir auf den Panoramaweg und queren den Bärguntbach. Nachdem wir den höchsten Punkt der Wanderung überwunden haben, lohnt es sich, ab und an stehen zu bleiben und die Bergkulisse auf sich wirken zu lassen. Schließlich erreichen wir die Widdersteinalpe. Dort haben wir nochmals Gelegenheit zur Einkehr, ehe wir wieder hinunter nach Baad laufen.

Die Bärgunthütte zählt zu den Zielen im Kleinwalsertal, die auch im Winter gut erreichbar sind.

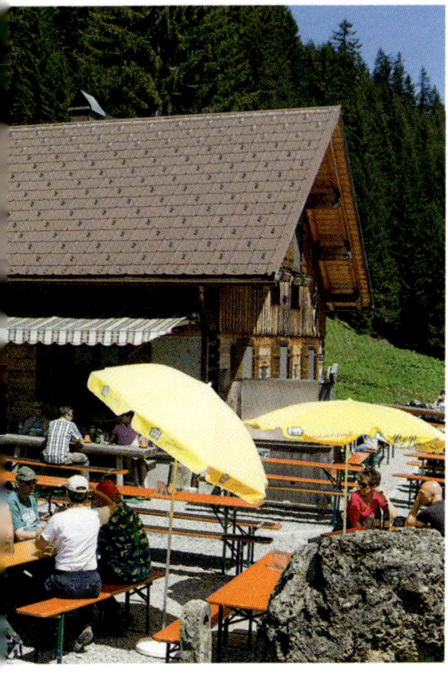

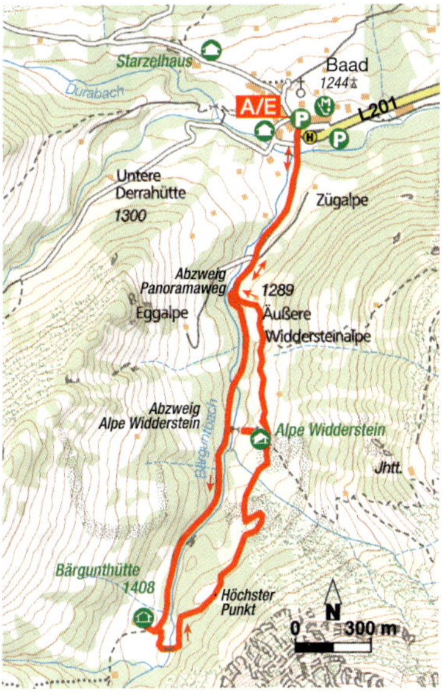

50 Widdersteinhütte

Von Süden über den Rand geschaut

Schwer 10,7 km | 570 Hm | 5–6 Std.

Tourencharakter: Konditionell anspruchsvolle Runde über alpine Pfade, die griffiges Schuhwerk erfordern, aber auch mit zahlreichen neuen Aussichten verwöhnen. Stöcke nicht vergessen!

Ausgangs-/Endpunkt: Hochtannbergpass/Krumbach (1670 m)

Höchster Punkt: Passage unterhalb des Großen Widdersteins (bis 2030 m)

Anfahrt: Auto: Ab Bad Hindelang über das Tannheimer Tal oder ab Füssen über Reutte bis Weißenbach, von dort der L198 durchs Lechtal bis Warth folgen und weiter über die L200 bis zum Hochtannbergpass – wenn möglich rückwärts einparken. GPS: 47.2708, 10.1346; Bus & Bahn: Ab dem Bahnhof Reutte mit der Buslinie 4268 bis Warth und weiter mit dem Wanderbus 3 zur Haltestelle »Hochkrumbach«

Einkehr: Widdersteinhütte

Karte: AV-Karte 1:25 000, BY2 Kleinwalsertal

Informationen: www.kleinwalsertal.com

Ab Baad und Oberstdorf führen mehrere Wanderwege zu den südlichsten Bergen der Allgäuer Hochalpen. Alle diese Wege eint, dass wir dafür weite Strecken und reichlich Höhenmeter bewältigen müssen. Starten wir im Süden, sind dieselben Berge indes zum Greifen nahe.

Als Startpunkt haben wir den Hochtannbergpass gewählt. Er bildet die Schnittstelle zwischen den Allgäuer Alpen und dem Lechquellengebirge. Die Anfahrt durchs Kleinwalsertal ist nicht möglich,

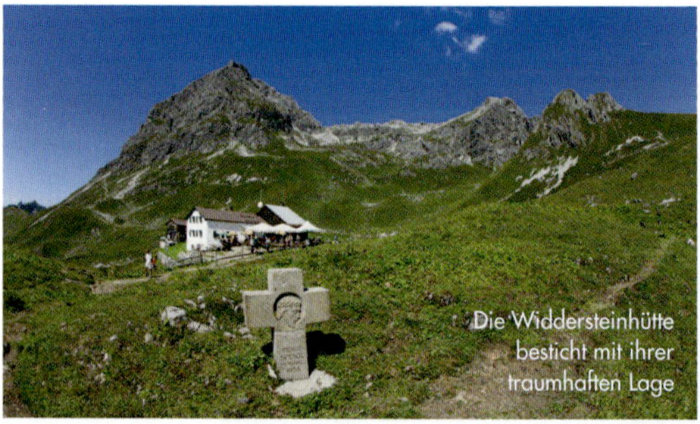

Die Widdersteinhütte besticht mit ihrer traumhaften Lage

weshalb wir über das Lechtal oder den Riedbergpass anreisen müssen. Von der Passstraße führt die »Via Alpina« rechts vom Widdersteinalpbach in etlichen Kehren hinauf zur Widdersteinhütte. Die Mehrzahl der Wanderer nimmt diesen Weg – wir jedoch wählen für den Aufstieg den Pfad links vom Widdersteinalpbach Richtung Hochalppass. Dieser ist schmaler, dafür aber weniger steil. Der große Vorteil liegt allerdings darin, dass wir den Großen Widder-

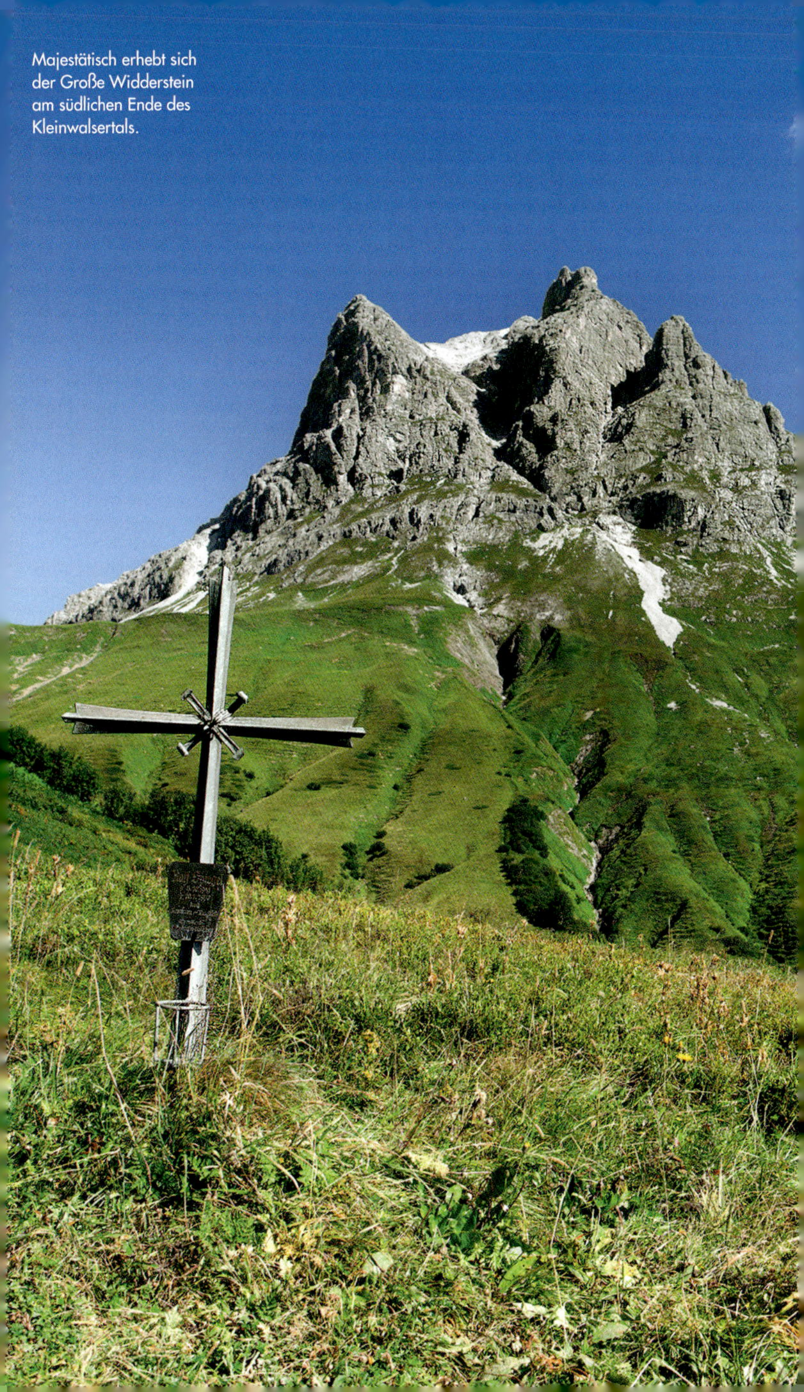

Majestätisch erhebt sich der Große Widderstein am südlichen Ende des Kleinwalsertals.

stein zunächst in einigem Abstand passieren. Durch diese Entfernung und durch die Blickrichtung können wir im Aufstieg eine besonders schöne Sicht auf den Großen Widderstein genießen. Nachdem wir den Abzweig zur Höferspitze passiert haben, wird das Gelände bald flacher und können wir unsere Kräfte auf den letzten Metern zum Hochalppass schonen. Dieser bildet den Übergang ins Kleinwalsertal. Bei der Passhöhe biegen wir rechts ab und folgen dem Pfad weiter bergan über die ehemalige Zoll-Diensthütte auf den Bergrücken. Dort führt ein Trampelpfad an den Rand. Den nehmen wir mit, denn nur so erhalten wir Einblicke ins obere Kleinwalsertal. Zurück auf dem Wanderweg halten wir uns beim Abzweig zum Widderstein rechts. Damit folgen wir dem Pfad über die Südflanke des 2500ers zur

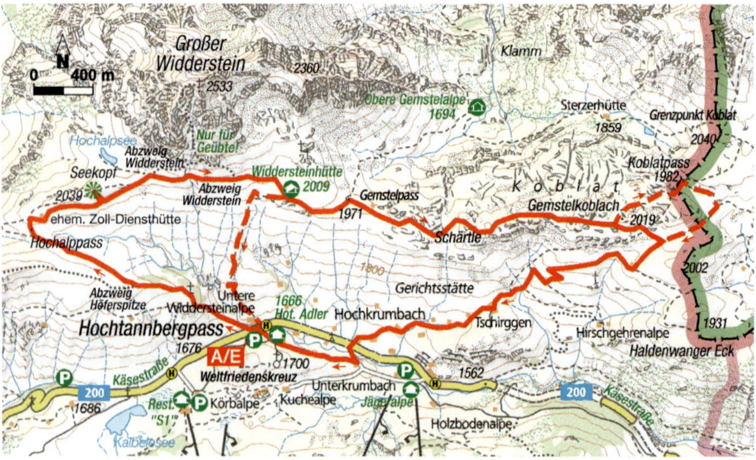

Widdersteinhütte. Vorbei am zweiten Abzweig zum Widderstein senkt sich der Pfad schließlich zur Widdersteinhütte, dem ersten Ziel des Tages. Wer hier genug gewandert ist, kann für die Rückkehr zum

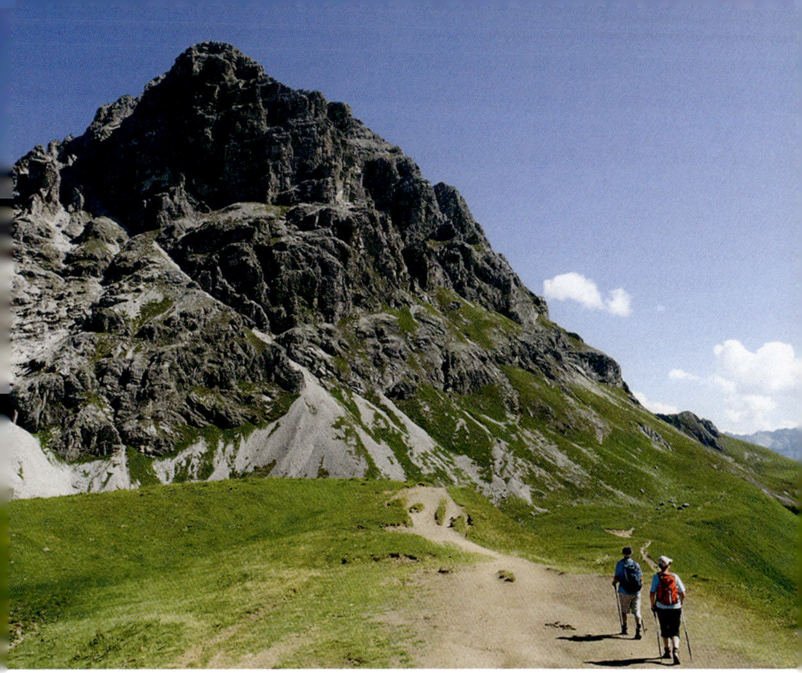

Hochtannbergpass die »Via Alpina« nutzen – ab der Hütte ist dieser innerhalb einer Stunde gut erreichbar. Wer noch eine Schippe drauflegen will, wählt stattdessen den Weg zum Gemstelpass. Dort biegen wir rechts ab und folgen dem Pfad Richtung Koblat. Auf dem Weg dorthin kommen wir zu einer beschilderten Gabelung; hier kürzen wir rechts ab. Alternativ kann man noch weiter bis zum Koblatpass wandern und erst dort rechts abbiegen. Der Abstecher führt um den Haldenwanger Kopf über deutsches Gebiet. Bei beiden Varianten bieten sich schöne Blicke zum Geißhorn sowie über den Schrofenpass zum Biberkopf. Für den Rückweg folgen wir schließlich den Schildern Richtung Hochkrumbach. Wo wir unterhalb vom Alten Walsergericht auf die L200 treffen, nutzen wir rechts die Unterführung. Auf der anderen Straßenseite folgen wir schließlich dem gelb gekennzeichneten Weg zurück zum Hochtannbergpass.

Ab dem Hochalppass sind nur noch wenige Höhenmeter bis zur Widdersteinhütte zu meistern.

Register

Impressum

Verantwortlich: Miriam Gieler, Julia Vogl
Lektorat: Anette Späth
Layout: Eva-Maria Klaffenböck
Repro: Cromika
Kartografie: Bruckmann Verlag, Heidi Schmalfuß
Herstellung: Alexander Knoll
Printed in Slovenia by Florjancic

★★★★★

Sind Sie mit diesem Titel zufrieden? Dann würden wir uns über Ihre Weiterempfehlung freuen. Erzählen Sie es im Freundeskreis, berichten Sie Ihrem Buchhändler, oder bewerten Sie bei Onlinekauf. Und wenn Sie Kritik, Korrekturen, Aktualisierungen haben, freuen wir uns über Ihre Nachricht an J. Berg Verlag, Postfach 40 02 09, D-80702 München oder per E-Mail an lektorat@verlagshaus.de.

Unser komplettes Programm finden Sie unter www.j-berg-verlag.de

Autorenempfehlung
Sie möchten auch andere Wanderregionen auf leichten Wegen kennenlernen? Dann empfehlen wir Ihnen den Titel »Leichte Wanderungen Schwarzwald«. Oder Sie werfen einen Blick in die Zeitschrift »Bergsteiger«. Hier werden Sie bestimmt fündig.
Ihre Annette und Lars Freudenthal

Bildnachweis: Alle Bilder im Innenteil und auf den Umschlagseiten stammen von den Autoren.
Umschlagvorderseite: Blick über den Schlappold aufs Allgäu

Umschlagrückseite: Die Remmeleck-Alpe

Die Deutsche Nationalbibliothek verzeichnet diese Publikation in der Deutschen Nationalbibliografie; detaillierte bibliografische Daten sind im Internet über http://dnb.d-nb.de abrufbar.

ISBN 978-3-86246-422-7